고객의 탄생

발 행 일   2023년 3월 6일 초판 1쇄 발행
                2023년 4월 3일 초판 2쇄 발행
지 은 이   이유재
발 행 인   김병석
편   집   노지호
마 케 팅   김정화, 윤주경
발 행 처   한국표준협회미디어
출 판 등 록   2004년 12월 23일(제2009-26호)
주   소   서울시 강남구 테헤란로 69길 5, 3층(삼성동)
전   화   02-6240-4890
팩   스   02-6240-4949
홈 페 이 지   www.ksam.co.kr

KSAM 출판자문위원회
이석연 법무법인 서울 대표변호사, 헌법학자(前 법제처장)
이유재 서울대학교 경영대학 석좌교수
신완선 성균관대학교 시스템경영공학부 교수
표현명 KT 사외이사(前 KT, 롯데렌탈 대표이사 사장)
배경록 한국언론진흥재단 정부광고본부장(前 씨네21 대표)
한경준 前 한국경제신문 한경BP 대표이사
강명수 한국표준협회 회장(당연직)

ISBN 979-11-6010-062-4 03320
정가 18,000원

고객의 탄생

고객에 대한
모든 생각

이유재 지음

KSAM

목 차

006   **프롤로그**

010 _____ ## Chapter 1. 가치

013   **01. 고객만족을 넘어 고객가치로**
018   **02. 고객이 체감하는 가치를 높여라**
023   **03. 고객의 잠재 가치를 파악하라**
029   **04. 고객 가치는 고객과 같이**
035   **05. 내재 가치, 교환 가치, 사용 가치**
039   **06. 서비타이제이션**

044 _____ ## Chapter 2. 고객

047   **01. 고객처럼 생각하라**
053   **02. 우유 엎지르고 나서… 서비스 회복 패러독스**
057   **03. 문제 해결도 고객과 함께**
063   **04. 사랑이 증오로 바뀌는 순간**
069   **05. 익숙함에 속아 소중함을 잃지 말자**
075   **06. 헤어짐이 최선일 때도 있다 : 불량고객**
084   **07. 불량고객 대처? 때로는 관리자가 나서야**

090 ____ ## Chapter 3. 인재

093 **01.** 맹구를 찾아내라
097 **02.** 일선 직원 확보의 악순환
102 **03.** 내부마케팅 : 직원을 보는 새로운 시각
109 **04.** 신입사원에 '퇴사보너스'까지… 인재(人材) 확보 경쟁
116 **05.** 끝없는 교육훈련, 임직원 모두의 몫
121 **06.** 직원에게 힘을 실어 줘라 : 임파워먼트
127 **07.** 감정노동을 관리하라
135 **08.** 조용한 직원, 조용한 고객
141 **09.** 세계로 웅비하는 K-서비스

146 ____ ## Chapter 4. 가격

149 **01.** 원하는 만큼 주세요… 자발적 지불 가격
156 **02.** 묶음 가격
166 **03.** 가격은 변하는 거야 : 동적 가격
175 **04.** 비싸게 보여 사고, 싸게 보여 산다?
183 **05.** 가격, 고객이 받아들이기 나름
190 **06.** 소유를 넘어 구독으로

고객속으로

미국 스탠포드대학교에서 유학할 때 이야기입니다. 평소 친하게 지내던 설리반이라는 할머니가 계셨지요. 하루는 캘리포니아 해변을 함께 산책하는데 할머니가 저보고 낚시를 좋아하냐고 물었습니다. 전 재빨리 대답했지요. "난 낚시를 해 본적이 없다. 내게야 눈먼 고기 밖에 잡히지 않겠냐?" 아뿔싸. 말을 끝내자마자 큰 실수를 했다는 것을 깨달았습니다. 왜냐하면 이 할머니는 앞을 못 보는 분이었기 때문입니다. 앞을 못 보는 분에게 이런 농담을 하다니. 정말 송구스러워 어쩔 줄을 몰랐습니다.

남의 입장을 생각하지 않고 무심코 내뱉은 말이 남에게 얼마나 마음 아픈 것이 될 수 있는지를 뼈저리게 느낀 순간이었습니다.

고객 입장에서 생각하는 것이 중요하다는 것을 깨닫게 된 사건이었습니다.

이 사건 이후로 저는 고객이라는 주제에 대해 관심을 갖게 되고 연구하게 되었습니다. 고객가치, 고객만족, 고객관계관리, 고객로열티 등. 그리고 살면 살수록 조직이든 개인이든 지속적 경쟁력을 확보하기 위해서는 고객이 중요하다는 것을 새삼 느끼고 있지요. 고객 없이는 기업이나 개인이나 존재할 수 없으니까요.

아마존은 지구상에서 가장 고객중심적인 회사라는 미션을 강조합니다. 아마존의 고객은 소비자, 판매자, 개발자, 기업 조직, 콘텐츠 창작자를 포괄합니다. 저의 고객은 제가 접하는 모든 사람입니다. 강의하면서 경영과 삶에 관련해 고객 이야기를 많이 합니다.

전 강의를 시작하면서 이름 삼행시로 자신을 소개합니다.

이 : 이유재입니다.
유 : 유익한 강의를 하겠습니다.
재 : 재미있게도 하겠습니다.

제 인생의 모토가 "유익하고 재미있게 살자"입니다. 사람이 유익만 추구하면 인생이 건조하지요. 그렇다고 재미만 추구하면 가족, 동료, 상사, 이웃 등 주위 사람들이 피곤하지요. 유익과 재미라는 두 마리 토끼를 잡는 것이 필요한 것 같습니다. 인생이나 강의나 마찬가지고요. 그렇다고 제 삶이나 강의가 유익하고 재미있다는 것은 아닙니다. 그렇지만 적어도 제 삶이나 강의가 추구해야 할 방향은 제시해 주지요.

이런 취지로 평소 강의나 연구에서 강조하던 이슈들을 한경 CMO Insight에 〈유익하고 재미있는 경영 인사이트〉라는 코너로 게재했습니다. 매주 칼럼 형식으로 7개월간 작성했던 내용을 가다듬어 책으로 펴내게 되었습니다. 한국경제신문에 게재한 칼럼이나 한국표준협회의 KS-SQI 인증수여식 축사 등에서 관련된 것을 추가했습니다.

제겐 고객에 대한 생각을 체계적으로 정리하는 좋은 기회가 되었습니다. 고객에 대한 통찰을 얻고자 하는 여러분에게도 이 책이 조금이나마 도움이 되기를 기원합니다.

이유재

1

가치

●

기업이 고객의 진정한 가치에 주목하고
사랑의 노래를 불러 줄 때
`고객도 기업에 사랑을 되돌려 줄 것이다.
마치 오래된 연인들처럼.

01

고객만족을 넘어
고객가치로

포화된 시장, 더 이상의 차별화가 어려울 것 같은 제품, 고객 확보와 유지를 위한 치열한 경쟁, 눈높이가 높아져 웬만한 것에는 눈길도 안 주는 고객들. 현재 당면한 상황은 우리가 익히 알던 전략으로 대응하기에 녹녹치 않다.

더구나 지금까지도 시장의 중심에는 고객이 있었다. 기업들은 변함없는 이 사실에 대응을 해왔고 고객을 중심에 놓고 철학, 운영, 조직을 변화시켰다. 고객만족에서 고객감동까지. 그러나 고객만족은 이제 더 이상 경쟁의 차별화가 아닌 필수조건이 되었다. 그렇다면, 고객만족을 넘어선 무엇이 더 필요한가?

필자는 그 해답으로 고객가치를 제시한다. 고객가치란 무엇인가? 지금까지 고객가치는 주로 고객이 지니고 있는 의의나 중요성을 말하는 것으로 고객수익성과 유사한 의미로 사용되어 왔다. 이에 따라, 현장에서는 기업의 제품이나 서비스를 많이 구입하는 우량고객에 대한 관심이 집중되기도 했고, 또는 고객감동까지 가는 고객 중심적 사고가 고객가치경영을 의미하기도 했다.

필자는 지금까지 약간 혼란스럽게 사용된 고객가치의 의미를 고객을 위한for the customer, 고객의of the customer, 고객에 의한by the customer 가치를 아우르는 개념으로 제안한다. 고객을 위한 가치는 말 그대로 기업이 고객을 위해 제공하는 가치를 의미하며, 고객의 가치는 고객이 지니고 있는 가치를 의미하며, 고객에 의한 가치는 고객이 스스로 창출하는 가치를 의미한다.

우선 기업들이 고객가치에 관심을 갖게 된 배경을 살펴보자. 기업 실무자들은 종종 다음과 같은 질문을 한다.

"고객만족이 과연 우리 기업의 성공을 보장하는가?"
"고객은 어지간한 제품이나 서비스에는 만족하지 않는데 어떻게 차별화해야 하나?"
"고객만족을 위해선 비용이 드는데 그것이 과연 기업의 수익에 도움이 되는가?"

공장용 파이프를 생산하는 미국 월리스Wallace사는 품질 개선을 위해 많은 노력을 해 중소기업 최초로 '말콤 볼드리지 국가품질상'을 받는 쾌거를 누렸다. 그러나 품질개선 대비 매출 효과가 미약해 몇 년 뒤 파산했다. 플로리다전력사는 품질개선에 많은 투자를 해 미국 기업 최초로 '데밍상'을 수상하는 영광을 누렸다. 그러나 투자에 비해 수익 개선은 미미해 회장은 퇴진하고 그의 품질 프로그램도 중단되었다. 이른바 고객만족활동에는 성공했지만 실패한 사례들이다.

우리 주위에도 기업의 궁극적인 관심사인 이익은 도외시하고 단순히 고객만족점수나 순위에만 집착하는 사례를 흔히 볼 수 있다. 예를 들어 '고객만족도 업계 1위,' 또는 '전년 대비 10% 향상' 등이다. 그런데 고객만족점수에 집착하다 보면 평균의 함정에 빠지며 개별 고객의 가치를 파악하지 못하는 경우가 많다. 혹시 우리 기업은 가치가 작은 고객만을 만족시키고 있지 않은지, 가치가 큰 고객은 오히려 불만스럽게 하고 있지는 않은지, 만약 그렇다면 고객만족도는 높아지지만 기업 성과는 하락할 수 있다.

이 사례들에서 얻는 교훈은 무엇인가? 바로 고객이든 기업이든 비용대비 효과를 분석해야 한다는 것이다. 이것이 가치value의 기본 개념이다. 우선 고객 관점에서는 단순히 만족보다는 비용대비 품질을 보는 것이다. 자신이 지불하는 비용에 비해서 얻는 효용

즉 가치를 평가하는 것이다. 따라서 기업이 치열한 경쟁에 생존하기 위해서는 '고객을 위한 가치value for the customer'를 차별화해야 한다.

한편 기업의 관점에서 보면 기업의 모든 활동은 기업 가치를 높이는데 기여해야 한다. 그런데 기업 가치는 개별 고객들의 장기적 수익성, 즉 고객생애가치customer lifetime value의 합으로 구성된다. 따라서 기업의 활동은 고객이 지니는 가치 즉 '고객의 가치value of the customer'를 높이는 방향으로 수행되어야 한다. 이를 위해서 기업은 능동적으로 고객을 선택하고 관계관리를 통해 고객의 가치를 증대시켜야 한다. 여기서 기업이 고객을 선택한다는 것은 우리가 잘 났다는 오만이 아니라 제한된 자원과 역량으로 모든 고객에게 잘 하는 것은 불가능하다는 사실을 깨닫고 난 후의 겸손이다.

그런데 가치를 창출하는데 있어서 고객의 참여는 필수적이다. 고객은 가치를 창출하는 다양한 활동에 참여하고 싶어하고, 가치를 추가하거나 확산하는데 있어서 중요한 존재다. 게다가 소유효과이론에 따르면 고객은 자신이 참여해 만든 제품에 대해 훨씬 많은 애착을 갖는다고 한다. 따라서 고객을 가치 창출에 참여시켜 '고객에 의한 가치value by the customer'를 이끌어 내야 한다.

흔히 고객만족경영은 고객만족이나 '고객을 위한 가치'에 중점을 두어 왔다. 그러나 고객과 시장은 끊임없이 변하고 있다. 변화하는 시장 흐름을 주도하기 위해서는 가치 있는 고객을 능동적으

고객가치의 3차원

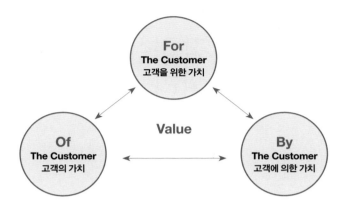

로 선택하고 고객의 잠재가치를 개발하며 '고객의 가치'를 고려해
야 한다. 더 나아가, 변화하는 고객의 중요한 특성인 참여 욕구를
활용해 고객이 창출하는 가치 즉 '고객에 의한 가치'를 고려해야
한다. 이를 통해 기업과 고객은 단순히 생산자와 소비자가 아니
라 가치 창출의 공동 참여자가 될 수 있다.

결론적으로 고객가치경영은 가치 창출을 위해 기업만 노력하
는 일방적인 경영이 아니라, 기업과 고객이 주체로서 서로 소통하
고 상호 보완함으로써 가치 창출의 시너지를 일으킬 수 있는 양
방향적인 경영을 의미한다. 기업이 고객의 진정한 가치에 주목하
고 사랑의 노래를 불러 줄 때 고객도 기업에 사랑을 되돌려 줄 것
이다. 마치 오래된 연인들처럼.

02

고객이 체감하는 가치를 높여라

　기업이 생존하기 위한 조건은 무엇인가? 이 질문에 대한 답을 찾기 위해 기업의 생존 부등식을 살펴보자. 생존 부등식의 원리는 단순하다. 고객이 상품에서 얻는 가치는 가격보다 커야 하고, 원가는 가격보다 작아야 한다. 원가와 가격 간 차이는 기업의 잉여이고, 가격과 가치 간 차이는 고객의 잉여다.

기업의 생존 부등식 : 원가 < 가격 < 가치

　우선 가격 중심으로 경쟁하는 상황을 생각해 보자. 이때 기업과 고객은 제로섬zero-sum 게임을 하게 된다. 가격을 높이면 기업은 이익을 보지만 고객은 손해를 보게 된다. 반대로 가격을 낮추면 고객은 이익을 보지만 기업은 손해를 본다. 경쟁이 치열해지면 가격은 지속적으로 하락하고 기업의 수익은 감소한다. 가격경쟁을 통한 치킨 게임으로 치닫게 되고 기업은 살아남기 어렵게 된다. 성숙기 산업에서 흔히 보는 현상이다.

　이제 경쟁의 축을 가격에서 가치로 바꿔보자. 그러면 기업과 고객은 제로섬 게임을 벗어나 포지티브섬positive-sum 게임을 하게 된다. 고객도 이익을 보고 기업도 이익을 볼 수 있는 원원win-win 게임이 되는 것이다. 그리고 가치가 높아질수록 고객과 기업이 나눌 파이가 커지게 된다.

　그렇다면 가치를 어떻게 높일 수 있을까? 고객이 체감하는 가치는 비용대비 품질로 평가된다. 따라서 고객을 위한 가치value for the customer를 높이려면 두 가지 방법이 가능하다. 비용을 줄이거나 품질을 높이는 것이다.

가치 = 품질 / 비용

　첫째, 비용을 줄여 가치를 높일 수 있다. 그런데 비용에는 가격뿐만 아니라 상품을 이용하는데 들어가는 비용, 시간, 노력 등의 이용비용이 포함된다. 이용비용에는 불편한 절차나 불확실성 같은 심리적 비용, 배달 같은 물리적 비용, 소음이나 불쾌한 환경 같은 감각적 비용도 포함된다.

따라서 가격을 낮추거나 또는 이용비용을 줄이면 가치가 높아진다. '싼 가격을 원하면 네이버를, 마음이 급하면 쿠팡을 이용하라'는 말이 있다. 쿠팡이 로켓배송으로 확실히 자리매김한 결과이다. 시간이 중요한 고객에게는 가격보다 배달 시간을 줄여 주는 것이 가치 있는 것이다. 아마존 프레시Amazon Fresh의 오프라인 매장에서는 스마트 카트가 물품을 자동으로 인식하고 앱 등록 카드로 자동 결제되어 이용자의 시간과 노력을 줄여 준다.

비용 = 가격 + 이용비용

"당신 회사 제품이 경쟁사 제품보다 비싸지 않습니까?" 고객이 흔히 던지는 질문이다. 이런 질문에 다음과 같이 답할 수 있어야 한다. "네 비쌉니다. 그렇지만 실제로는 쌉니다." 가격을 보면 비싸 보이지만, 이용하면서 들어갈 유지·보수·위험 등을 고려하면 오히려 싸다는 것이다.

가격 제시를 통한 판매에 치중하던 관행에서 벗어나 관점을 가격에서 가치로 전환해야 한다. 그리고 고객도 미처 깨닫지 못하고 있는 가치를 제안하고 설득해야 한다. 그래야 가격에 대한 고객의 민감도를 낮출 수 있고 소모적인 가격경쟁에서 벗어날 수 있다.

가격만이 아니라 총소유비용total cost of ownership : TCO이 중요하다. 자동차의 경우를 보자. 비록 가격이 높더라도 유지비가 적고 중고차 값이 보장된다면 구매할 가치가 있을 것이다. 따라서 자동차를 판매하는 것도 중요하지만 중고차 가격, 즉 잔존가치residual value를 유지하는 것이 중요하다. A/S망이나 부품이 잘 지원되어야 함은 물론이다.

둘째, 품질을 높여 가치를 높일 수 있다. 품질에는 결과뿐만 아니라 과정이 포함된다. 결과 품질은 고객이 원하는 결과를 얻었는가이고, 과정 품질은 그 과정이 어땠는가이다. 상품만이 아니라 관계에서 얻는 각종 혜택이 가치를 높인다. 예를 들어 대출을 신청한 고객이 원하는 대출을 받았느냐 못지않게 그 과정에서 겪은 경험도 중요하다.

품질 = 결과 품질 + 과정 품질

얼마 전 인기를 끌며 등장한 카카오뱅크를 살펴보자. 기존 은행에서 통장을 개설하려면 은행이 열려 있는 시간에 직접 가서 번호표를 뽑아 대기하다가 자기 차례가 되면 서류를 작성해야 했다. 그리고 인터넷으로 계좌이체를 하려면 공인인증서, OTP 등 번거로운 절차를 거쳐야 했다. 이에 반해 카카오뱅크는 간편하게 통장을 개설하고 몇 번의 터치로 손쉽게 이체할 수 있게 했다. 유명한 캐릭터들이 그려진 귀여운 카드도 젊은 고객들에게 큰 호응을 얻었다. 이용비용을 줄이고 과정 품질을 개선해 가치를 높인 예다.

최근 편리미엄편리함+프리미엄이 각광을 받는 것도 비슷한 맥락이다. 시간 부족에 시달리는 현대인들이 편리함을 소비의 기준으로 삼으면서 편리함이 프리미엄이라고 생각하는 것이다. 시간절약형은 해야 할 일에 쏟는 시간을 줄여주는 것이다. 마켓컬리의 새벽배송, 쿠팡의 로켓배송, 퀵커머스 등이 있다. 노력절약형은 귀찮은 일에 들어가는 노력을 줄여주는 것이다. 요리의 수고스러움을 줄여준 밀키트나 레토르트 식품, 요리 과정을 아예 생략할 수 있는 배달 어플, 청소를 대신해주는 로봇 청소기 등이 해당된다.

결론적으로 고객이 체감하는 가치가 커질수록 고객과 기업이 함께 만족할 가능성이 높아진다. 고객이 가치를 인식하는 방식을 제대로 파악하고 그 가치를 높여라. 고객과 기업 모두 웃을 수 있게.

03

고객의 잠재 가치를 파악하라

미국 도미노피자 체인 중에 성공했다고 평가받은 한 점포의 성공 비결을 살펴보자. 이 점포는 단골고객 한 명의 가치를 약 4천 달러로 계산했다. 8달러짜리 피자를 일주일에 한 개씩 10년간 주문하는 고객을 단골로 산출한 수치다.

이 점포의 주인은 직원들에게 "여러분은 4천 달러짜리 고객에게 피자를 팔고 있다"고 강조했다. 이러한 마인드는 직원들로 하여금 정성스럽게 피자를 만들고 배달하게 했다. 고객만족과 충성도가 현격히 높아진 것은 물론이다.

간단한 사례지만 '고객의 가치value of the customer'를 나타내는 고객생애가치customer lifetime value 개념을 잘 보여준다. 고객생애가치란 고객이 특정 기업과 거래하는 전체 기간 동안 창출하는 이익의 순현재가치net present value다. 즉 고객의 미래 수익성 흐름을 합해 현재 가치로 산출한 것이다. 고객을 현재 가치로 평가하는 것이 아니라 미래에 기여할 가치까지 고려하는 것이다. 그렇다면 모든 고객을 4천 달러짜리 고객으로 대우하면 되는 걸까? 그러나 무조건 모든 고객을 우대하라는 의미는 아니다. 기업에 기여하는 고객의 가치는 고객별로 다르기 때문이다.

우선 한 가지 유의할 점을 짚고 넘어가자. 고객 수익성은 상품 수익성과는 다른 개념이라는 점이다. 미국의 한 리조트에서 수익성을 분석했다. 그 결과 호텔은 수익성이 높은 반면 테마파크는 수익성이 저조한 것을 발견했다.

따라서 수익성이 낮은 테마파크는 방치하고 수익성이 높은 호텔에 집중 투자했다. 수익성이 개선될 것을 기대하며. 그러나 아뿔싸. 리조트의 수익성은 갈수록 더욱 감소했다. 무엇이 잘못된 것일까? 많은 고객들이 테마파크 때문에 리조트를 방문하며 호텔에 묵었는데 테마파크가 열악해지니 방문객이 줄고 객실 점유율은 현격히 감소한 것이다.

상품 수익성을 관리하고자 흔히 사용되는 방식을 살펴보자. 각 상품의 수익성을 분석하고 일정 기준에 못 미치는 상품은 제거하고 기준을 충족하는 상품에 집중한다. 한 슈퍼마켓에서 우유가 수익성이 낮으니 없앴다고 생각해 보자. 쇼핑 온 고객은 여러 가지를 구매하고 난 후에도 우유는 필요하니 다른 점포를 방문해야 된다. 고객 입장에서 두 군데를 들려야 하니 번거롭다. 결국 고객은 우유가 있는 다른 마트에서 쇼핑하게 될 것이다. 이러다 보면 고객들은 줄어들고 전체 수익성은 악화되는 것이다.

상품당 수익성이 아니라 방문고객당 수익성이 중요하다. 비록 수익성이 낮은 상품이더라도 수익성이 높은 고객을 유치하는데 필요하다면 유지해야 할 것이다. 즉 수익성 관리의 초점을 상품에서 고객으로 바꿀 필요가 있다. 고객의 가치가 중요해지는 이유다.

그렇다면 기업은 '고객의 가치'를 어떻게 관리하고 활용해야 할까?

첫째, 가치가 높은 고객을 유치해 고객의 구성을 최적으로 만들어야 한다. 흔히 많은 기업들이 각각의 고객이 가져다주는 수익성은 무시하고 고객 수만 늘리려고 한다. 그러나 단순히 전체 고객의 수보다는 수익성이 높은 고객의 비중이 더 중요하다.

미국 1위 음식 배달 업체인 도어대시DoorDash의 강점은 고객 기반이 탄탄하다는 것이다. 고객당 평균 주문 금액이 우버이츠Uber Eats 같은 경쟁사보다 높다. 게다가 구독서비스인 대시패스DashPass 가입자가 900만 명이 넘는다. 이들은 일반 고객보다 더 많이, 더 자주 주문하는 우량 고객이다. 한편, 수익성은 낮더라도 상징성이나 인지도가 높은 고객도 가치가 있다. 사회적 파급효과가 커서 회사나 상품을 홍보하는데 기여하기 때문이다.

둘째, 고객의 가치를 평가할 때 현재 가치만이 아니라 미래 가치도 고려해야 한다. 회사에 지금 도움을 주는 고객만이 아니라 미래 장기적으로 도움을 줄 수 있는 고객들을 확보해야 한다. 고객을 최적으로 구성하기 위해서는 능동적으로 고객을 선별하며 미래 가치가 높은 고객을 지속적으로 발굴해야 한다.

셋째, 가치가 높은 고객을 제대로 대우해야 한다. 얼핏 들으면 고객별로 서비스를 차별화하는 것이 이상해 보일 수 있다. 그러나 고객 입장에서는 대가를 지불한 만큼 받는 것이 정당하다.

20년 사귄 친구와 처음 본 사람을 똑같이 대우하는 것은 공정하지 않다. 이것이 월정액을 내는 대시패스 가입자에게 배달이 무료인 이유다.

넷째, 때로는 가치가 낮은 고객을 버릴 수 있어야 한다. 외형적인 성장에만 주력해 무분별하게 많은 고객을 확보한 보험사나 카드사가 수익 저하로 고생하곤 한다. 기업이 모든 고객과 장기적인 관계를 맺을 수는 없는 법. 서로에게 아무런 가치를 주지 못하는 기업과 고객이 평생 함께 하는 것은 비극이 아닐까? 손절, 주식투자에만 필요한 것이 아니다.

다섯째, 고객을 생애가치별로 세분화하고 이 정보를 바탕으로 맞춤 혜택을 제공해야 한다. 모든 고객에게 무차별적인 투자를 하는 전략과는 다른 성과를 얻을 것이다. 고객을 등급별로 구분해 차별화된 혜택을 제공하는 로열티 프로그램이 이에 해당된다.

여섯째, 고객에게 최적의 경험을 제공하며 관계를 관리해 가치를 키워야 한다. 최초 구매자로서 고객의 가치는 미미하지만 그 고객이 반복구매를 통해 지속적인 관계를 맺는 핵심고객으로 진화되면 그 가치가 높아진다. 따라서 장래성이 있는 고객과의 관계를 장기적으로 발전시켜 고객의 가치를 점차 높여야 한다.

예를 들어, 세콤이나 캡스 같은 무인경비 서비스를 살펴보자. 신규 가입자에게는 CCTV, 센서, 통신장치 등을 설치해 준다. 이렇게 초기에 회사가 부담한 기기 및 설치비용은 월 사용료를 통해 회수한다. 따라서 이용기간이 손익분기점break-even point, BEP을 지나 길어질수록 회사의 이익은 증가한다.

애플도 하드웨어 - 소프트웨어 - 서비스를 아우르는 생태계를 조성하고 고객과의 관계를 장기간 유지한다. 그리고 크로스셀링cross-selling, 업셀링up-selling 등을 통해 고객생애가치를 극대화하고 있다. 애플이 업계에서 독보적인 위치를 지키는 비결이다.

네 시작은 미약하였으나 네 나중은 심히 창대하리라.

_ 욥기, 8장 7절

고객의 가치는 우리가 비즈니스를 생각하고 수행하는데 장기적 안목을 가져야 한다는 사실을 깨닫게 해준다. 단순히 단기성과를 측정하고 의사결정을 내리던 방식에서 벗어나야 한다. 흔히 간과하기 쉬운 고객의 잠재 가치를 반드시 고려해야 하는 것이다.

04

고객 가치는
고객과 같이

전통적으로 가치는 기업이 만드는 것으로 알려져 있었다. 그러나 상품의 기획, 생산, 판매 등에 대한 고객 참여가 증가하면서 '고객에 의한 가치value by the customer'가 중요해졌다. 고객에 의한 가치란 고객이 참여해 가치가 증가하거나 기존과 다른 새로운 가치가 창출되는 것을 말한다.

고객은 상품을 잘 활용해 더 큰 가치를 누릴 수 있는 방법을 찾아내며 가치를 추가한다. 또한, 가치를 많은 사람들이 공유하게 하여 가치를 확산한다. 게다가 다양한 고객이 참여해 기존 상품과는 전혀 다른 것을 만들어 내며 가치를 창조하기도 한다. 선진 기업들이 기업 혁신과 신상품 개발을 위해 활용하는 개방형 혁신

open innovation도 고객에 의한 가치를 위한 시도로 볼 수 있다.

'고객에 의한 가치'를 효과적으로 활용한 기업으로 중국의 샤오미가 있다. 샤오미는 고객을 단순히 상품을 파는 대상으로 보지 않는다. 고객을 자체 네트워크의 중요한 구성원으로 본다. 상품의 개발, 판매, 홍보 과정에 고객을 적극 참여시켜 가치를 극대화한다. 자신의 아이디어와 제안이 상품에 반영되자 고객은 브랜드에 더욱 애착을 갖게 된다. 강한 애착을 느낀 고객은 자신의 시간과 돈, 에너지를 아낌없이 쏟으며 샤오미를 지지하게 된다. 이런 생각은 공동창업자 리완창의 '참여감'이라는 책에 잘 나와 있다. '인터넷 씽킹' 그림을 보면 좋은 상품을 만들어 입소문이 나게 하고 사용자를 친구로 만들어 확산한다는 샤오미의 경영철학이 고스란히 담겨있다.

그렇다면 어떤 요소가 '고객에 의한 가치'에 영향을 미칠까? 고객과 기업 측면에서 살펴보자.

우선 고객 측면에서 상품에 대한 정서적 애착이 중요하다. 이는 고객이 상품에 대해 가지는 친밀감, 유대감, 사랑 등이다. 어린왕자가 자신이 가꾼 한 송이 장미꽃에 느끼는 감정을 생각해 보라.

"네 장미꽃을 그렇게 소중하게 만든 것은 그 꽃을 위해 네가 소비한 시간이란다."
_〈어린왕자〉 중에서

할리데이비슨 열정 라이더들의 모임인 할리오너그룹Harley Owners Group:HOG을 보라. 할리데이비슨에 대한 그들의 사랑은 특별하다. 세계에서 가장 많이 사용되는 문신의 소재는 무엇일까?

1위가 '어머니'이고 2위가 '할리데이비슨'이다. 기업 로고를 자신의 몸에 문신하기는 쉽지 않을 것이다. 문신은 고객과 기업이 하나가 된다는 의미다. 이처럼 고객이 상품에 애착을 느낄 때 가치 창출에 참여할 가능성이 높아질 것이다.

정서적 애착하면 빼놓을 수 없는 것이 아티스트에 대한 팬덤 fandom이다. 전 세계적으로 인기를 얻고 있는 방탄소년단BTS의 성공은 팬들이 함께 만든 것이다. 방탄소년단의 '방탄'은 총알을 막아낸다는 뜻을 담고 있다. 젊은 세대들이 살아가면서 겪는 고난, 사회적 편견, 억압을 막는다는 의미다. 방탄소년단의 팬클럽 이름은 군대를 의미하는 아미army다. 방탄복과 군대는 항상 함께 하기 때문에 '방탄소년단과 팬클럽도 항상 함께 한다'는 의미가 담겨있다. 전 세계에 포진한 아미는 앨범을 사고 유튜브 조회수를 올리고 각종 시상식에 투표하는 등 열정적으로 활동하며 BTS의 가치를 높인다.

팬덤 콘텐츠 및 공연의 소비 방식도 디지털기술이 발전하며 진화하고 있다. 공연장에서는 AR, 홀로그램 등을 적용해 증강된 참여 경험을 제공한다. 온라인 커뮤니티에서는 아티스트 참여 이벤트, 팬 투표 시상 등 팬과 스타가 동시에 참여하는 콘텐츠가 확대되고 있다. 메타버스는 시간과 공간의 제약을 넘어 실시간 소통이나 양방향 참여라는 차별적 경험이 가능하다. 언택트 콘서트에서 팬은 무대 위 채팅창으로 실시간 소통하고 무대효과를 선정하는 투표를 하고 버추얼 댄스파티에 참여한다. 전 세계 어느 곳에서도 같은 곳에 있는 것과 같은 경험을 한다.

다음으로 고객의 오피니언 리더십opinion leadership이 중요하다. 오피니언 리더십이란 특정 상품에 대한 정보를 많이 가지고 있으며 이를 남에게 전달하기 좋아하는 성향이다. 오피니언 리더십이 높은 고객은 자신의 정보를 남들과 공유해 가치를 확산시킨다.

예를 들어 자신이 아는 사용 방법을 커뮤니티 등을 통해 공개한다. 그 결과 여러 사람들이 누리는 가치가 증가하게 된다. 인스타그램이나 유튜브, 블로그 등 자신 만의 채널을 통해 다른 유저들에게 영향력을 행사하는 인플루언서가 중요해진 이유다.

이제는 기업 측면에서 '고객에 의한 가치'를 만드는 방법을 생각해 보자. 우선 고객이 참여하는 장을 제공하고 이를 활용하려는 의지가 필요하다. 고객 참여 프로그램을 통해 아이디어를 얻어 상품에 반영하거나 참여를 유도하는 커뮤니티를 개설하는 것이다. 고객이 참여하는 장을 마련할 때는 기업의 관리 능력도 고려해야 한다. 기업마다 의지는 비슷해도 관리 능력은 다를 수 있기 때문이다.

플랫폼 비즈니스는 다양한 유형의 고객을 플랫폼에 끌어들여 생태계 전체의 가치를 극대화한다. 에어비앤비의 경우 서비스를 이용했던 고객의 적극적인 참여가 다른 고객의 선택을 불러 오며 성공한 사례다. 이전 이용자의 생생한 평가가 다음 이용자에게 이용할 만한 믿음을 주기 때문이다. 또 집을 빌려 주는 호스트와 집을 빌리는 게스트 간 상호 평점을 통해 신뢰를 구축한다. 게스트와 호스트의 적극적인 참여가 에어비앤비의 가치를 만들고 있는 것이다.

코로나 팬데믹으로 메타버스 전환이 가속화되며 초고속으로 성장한 로블록스Roblox를 보자. 기본적으로 이용자가 자신이 원하는 게임을 골라 할 수 있는 게임 플랫폼이다. 그러나 기존 게임 회사와는 크게 다르다. 기존에는 게임 회사가 게임을 제작하고 이용자는 이것을 소비하는 방식이었다. 그러나 로블록스의 모든 게임은 이용자가 직접 제작한 것이다. 이용자는 로블록스가 제공하는 도구들을 활용해 마치 레고로 블록을 쌓듯이 다양한 게임을 만들 수 있다. 이용자는 자신만의 게임을 만들어 즐기며 다른 이용자가 만든 게임을 즐긴다. 이용자는 게임을 제작하고 수익을 얻는 생산자이자 소비자인 프로슈머Prosumer = Producer + Consumer로 활동하며 플랫폼의 가치를 높이고 있다.

이제 고객은 주도적으로 행동하고 스스로 가치를 창출하는 주체이다. 기업이 만들어 놓은 가치를 단순히 수용하는 것이 아니다. 고객이 직접 참여하고 기여하며 다른 사람들과 연결되어 더 큰 가치를 만들어 낸다.

게다가 고객은 자신이 직접 가치를 만들었을 때 더 큰 관심을 갖고 만족한다. 따라서 기업은 고객에게 상품에 대해 개입할 기회를 주고 가치를 창조할 동기를 부여해야 한다.

명심하라. 고객 가치는 고객과 같이.

05

내재 가치,
교환 가치, 사용 가치

가치는 누가 언제 창출하는 것일까? 이 질문에 대한 답은 가치의 개념에 따라 달라진다. 그리고 가치의 개념은 시간이 지남에 따라 변천해 왔다. 가치 개념의 진화에 대해 간단히 살펴보자.

전통 경제학 관점에서는 가치가 상품에 내재되어 있는 것으로 보았다. 이를 내재 가치embedded value라고 한다. 상품의 가치는 기본적으로 기업이 창출하는 것으로 보는 것이다. 즉 기업이 상품을 생산할 때 가치가 창출되었다고 보는 시각이다. 전통 경영학 관점에서는 상품이 생산되었을 때가 아니라, 상품이 교환될 때 가치가 창출되는 것으로 보았다. 이를 교환 가치value-in-exchange라고 한다. 생산자와 소비자 간에는 물리적이나 시간적인 격차가 존재하는데 상품의 교환을 통해 이 격차를 줄이는 활동을 마케팅이라고 본다. 고객과의 거래를 통해 장소, 시간, 소유의 효용을 만들며 마케팅이 가치를 창출하는 것으로 보았다. 즉 기업이 고객에게 상품을 판매할 때 가치가 창출되는 것으로 보는 시각이다. 이런 관점은 고객과의 거래를 강조함으로 흔히 거래 마케팅transaction marketing이라고 부른다. 거래 마케팅에서는 마케팅을 고객과 거래를 이루기 위한 활동으로 본다. 기업은 고객을 마케팅 활동의 대상이나 타겟으로 간주한다marketing to customers. 기업이나 직원 입장에서는 고객에게 "무엇을 도와드릴까요?What can I do for you?"라는 자세로 접근한다. 최근 경영학 관점에서는 고객이 상품을 이용할 때 가치가 창출되는 것으로 본다. 이를 사용 가치value-in-use라고 한다. 사용 가치는 고객이 상품을 이용하면서 느끼는 주관적 효용이다. 기업은 가치를 제안할 뿐이고 실제로 가치가 실현되는 것은 고객이 상품을 이용할 때라는 것이다. 마케팅은 고객의 가치창출과정을 지원하는 것이지, 가치를 전달하는 것이 아니다. 가치의 실현은 고객이 상품을 이용할 때 비로소 발생하는 것이다. 즉 고객이 상품을 소비할 때 가치가 창출되는 것으로 보는 시각이다.

이런 관점은 고객과의 관계를 형성하고 유지하며 발전시키는 것을 강조함으로 관계 마케팅relationship marketing이라고 부른다. 관계 마케팅은 고객과 함께 하는 마케팅marketing with customers을 강조한다. 고객을 마케팅 대상이나 타겟으로만 보는 것이 아니라 가치 창출의 공동 주체라고 본다. 기업이나 직원 입장에서는 고객에게 "우리 함께 무엇을 할까요?What can I do with you?"라는 자세로 접근한다.

사용 가치의 관점에서도 두 가지 중요한 개념이 있다. 첫째는 잠재 가치potential value다. 잠재 가치는 상품이 고객의 욕구를 충족시킬 수 있는 잠재적인 능력을 의미한다. 이것은 전통 경제학 관점에서 사용한 내재 가치와 유사한 개념으로 볼 수 있다.

둘째는 실현 가치realized value다. 실현 가치란 상품이 사용되는 시점에서 고객의 욕구를 실제로 충족하는 정도를 의미한다. 예컨대 좋아하는 가수의 콘서트 티켓을 구매한 경우를 생각해 보자. 콘서트는 한 달 뒤에 열린다고 가정해 보자. 교환 가치의 관점에 따르면 내가 돈을 지불하고 티켓을 구매한 순간 나에게는 이미 가치가 전달된 것으로 볼 수 있다. 그러나 사용 가치의 관점에서는 티켓을 구매함으로써 얻는 가치는 한 달 뒤에 있을 콘서트에서 행복을 느낄 수 있는 잠재 가치다. 그러나 콘서트라는 서비스를 이용하지 않았음으로 가치 실현은 아직 이루어지지 않은 것으로 볼 수 있다. 한 달이 지나 콘서트에 참석해서 공연을 즐길 때 비로소 가치가 실현된 것으로 볼 수 있다.

한 가지 다른 비유를 들어 보자. 방안에서 피아노를 연주하고 있다고 생각해 보자. 공기 중에 떠도는 파동은 사람의 귀 안으로 들어와 고막과 만나야 소리, 즉 음악으로 인식이 된다. 즉 공기 중의 파동이 사람을 만나야 소리와 음악이 존재하게 되는 것이다. 하지만 만약 그 방에 아무도 없다면 공기 중의 파동은 그저 파동으로 남을 뿐 아무런 가치를 창출하지 못한다.

또 컨설팅 프로젝트를 생각해 보자. 컨설턴트들은 몇 개월간 많은 노력과 시간을 들여 프로젝트를 수행하고 그 결과를 구두로 발표하고 보고서로 제출한다. 하지만 보고서가 그저 보고서로 끝나 버리면 아무런 가치가 없는 것이다. 고객이 보고서를 읽고 그 내용을 실제로 활용할 때 비로소 컨설팅 서비스의 가치가 실현되는 것이 아닐까? 똑같은 컨설팅 보고서라도 고객의 역량과 활용 정도에 따라서 그 가치는 달라질 것이다.

코로나 사태로 인해 몇 년간 중지했다가 개최한 부산국제영화제에 첫 장편영화를 선보인 김태훈 감독이 관객과의 대화에서 다음과 같이 말했다. "관객들과 만나는 것이 영화의 완성"이라고. 영화를 감상하는 관객들을 보고 나서야 영화가 완성됐다는 걸 비로소 실감했다는 것이다. 상품은 생산하는 것이 중요하다. 판매하는 것도 중요하다. 그러나 더 중요한 것은 소비하는 것이다. 상품의 완성은 고객이 상품을 이용할 때라고 해도 과언이 아니다. 이때야 말로 상품의 가치가 실현되는 순간이기 때문이다. 구슬이 서 말이라도 꿰어야 보배다.

06

서비타이제이션

서비타이제이션servitization은 제조업의 서비스화를 의미한다. 제품만이 아니라 서비스를 통해 더 큰 가치를 창출하는 것이다. 제조 중심의 사업이 수익성이 낮아지고 개별 고객의 욕구를 충족하는 능력이 중요해지면서 서비타이제이션이 가속화되고 있다.

서비타이제이션은 기존 사업의 위험을 분산하기 위한 전략일 수도 있고, 기존 사업을 근본적으로 바꿔 서비스 기업으로 변신하는 전략일 수도 있다. 과거에는 수직계열화나 제품과 관련된 사후 서비스나 금융서비스를 위주로 서비스 사업을 추진했다. 최근에는 제품과 관련된 모든 서비스 부문으로 영역을 확대하고 있다.

대표적인 사례로 GEGeneral Electric가 있다. GE는 제품을 판매하는 기업에서 서비스를 중심으로 솔루션을 제공하는 기업으로 전환했다. 가전사업에서 철수하고 헬스케어에 과감히 투자하는 등 서비스 비중을 높였다. 이제 전 세계 공장에 부착된 센서에서 발생하는 방대한 데이터를 모니터링하고 분석할 수 있다. 사물인터넷, 인공지능, 빅데이터를 적용한 산업인터넷 플랫폼인 프레딕스Predix 덕분이다. 스마트 팩토리를 이끌어 갈 소프트웨어를 제공하고 기계와 소프트웨어를 연결하여 시스템 운영을 최적화하며 가치 창출에 기여하고 있다.

IBM은 수십 년간 컴퓨터 하드웨어와 소프트웨어 제조기업으로 큰 수익을 올렸다. 그러나 저비용 하드웨어 제조기업들과 오픈 소스 소프트웨어가 등장하며 수익이 곤두박질치게 되었다. 이에 IBM은 PC사업도 매각하고 중점사업을 서비스 분야로 전환하며 통합 솔루션 회사로 변신했다. 또한 서비스 사이언스라는 개념을 도입해 컴퓨터공학, 경영전략, 사회과학 분야를 결합함으로써 고객 가치를 실현하고 있다. 하드웨어 제조회사에서 클라우드와 인공지능 서비스 회사로 거듭난 것이다.

항공기 엔진 제조사인 롤스로이스Rolls-Royce도 서비스 기업으로 변신했다. 기존 비즈니스 모델은 엔진을 생산해 고객에게 판매하면 끝나는 일회성 거래였다. 이제는 엔진 가동 시간에 비례해 요금을 받는 비즈니스 모델을 도입했다. 엔진을 사용한 시간만큼 비용을 청구하고 유지 및 보수를 책임지는 방식이다. 토탈케어 서비스라는 이름으로 알려져 있다.

롤스로이스는 고객들이 가장 중요하게 생각하는 엔진의 정확한 가동에 집중한다. 단순히 고장이 난 후 수리하는 사후 정비가 아니다. 엔진이 제대로 작동하는지를 원격 감시해 고장이 나기 전에 부품을 수리하거나 교체하는 예측 정비를 제공한다. 센서를 통해 실시간으로 수집되는 데이터를 분석해 비행 중인 엔진도 원격 개선이 가능하다. 엔진 수명이 다할 때까지 엔진 운용과 성능을 관리하는 서비스 회사가 된 것이다.

라벨 제조기업인 에이버리 데니슨Avery Dennison도 RFID 등이 포함된 지능형 라벨을 도입해 서비스 기업으로 전환했다. 사물인터넷 기술을 활용해 제품 데이터를 추적해 품질 관리, 재고 추적, 폐기물 관리 등의 솔루션을 제공하며 비즈니스 모델의 다변화를 이룬 것이다.

기업은 서비타이제이션을 통해 여러 가지 효과를 기대할 수 있다. 먼저, 제조 부문과 서비스 부문이 협력하고 지식을 공유하며 신규 사업 및 지식 기반 사업에 진출할 수 있다. 수익 구조를 다변화해 새로운 수익을 창출할 뿐만 아니라 수익 구조의 위험을 분산시킬 수 있다. 또한 제품 중심의 원가우위 전략을 통해 성장하면서, 차별화된 서비스를 통해 고객과 장기적 관계를 구축하며 지속적인 수익을 확보할 수 있다.

하지만 서비타이제이션이 항상 성공하는 것은 아니다. 영국 캠브리지대 닐리 교수는 25개국 1만여 개 기업을 분석했다. 서비타이제이션이 뚜렷하게 나타나는 추세이지만, 재무 위험이나 수익 위험도 높다는 것을 발견했다. 몇 가지 이유가 드러났다. 우선 고객과의 상호작용은 대체로 비용이 많이 든다. 게다가 특정 산업이나 기술에 전문성이 있는 기업들도 고객과의 상호작용에는 전문성이 낮을 수 있다. 또한, 서비스 프로세스를 분석하거나 구현하는 역량이 취약할 수 있다. 따라서 서비타이제이션은 경쟁우위를 확보할 기회이지만 동시에 위험도 따른다는 점을 명심해야 한다.

서비타이제이션은 기업뿐만 아니라 도시에도 적용된다. 빌바오는 스페인 북부 지역의 작은 도시다. 한때 철강산업이 발달했지만, 우리나라의 포항제철에 밀리면서 쇠락의 길을 걷게 되었다. 빌바오는 도시를 회생시키기 위한 방안을 모색하다가 문화산업을 통한 부흥을 계획하고 구겐하임미술관을 유치했다.

미술관 하나 지었다고 지역 경제가 살아날까? 그런데 기적 같은 일이 일어난다. 바닥으로 추락했던 도시가 해마다 100만 명 이상의 관광객이 찾는 명소가 된 것이다. 쇠퇴하던 공업도시가 문화도시로 탈바꿈하며 회생한 것이다.

세계적인 건축가 프랭크 게리가 건축한 미술관 건물은 마치 손으로 주물러 만든 것처럼 유려한 곡선으로 이루어져 있다. 보는 각도에 따라 각기 다른 형태를 드러내는 건물 자체가 작품이다. 도시의 랜드마크 건축물이 도시경쟁력에 미치는 영향을 이르는 말인 '빌바오 효과'가 탄생한 배경이다.

서비타이제이션의 원리는 국가, 조직, 개인에게도 적용될 것이다. 세계 경제는 빠르게 서비스 패러다임으로 전환하고 있다. 우리나라는 이런 추세에 발맞추어 변화하고 있는가? 우리 조직은 서비스 조직으로 변신하고 있는가? 나는 서비스 마인드나 소프트 역량을 키우고 있는가? 한 번 곰곰이 생각해 보자.

고객에 대한
모든 생각

**고객의
탄생**

2

고객

●

고객처럼 생각하자.
아니, 고객처럼 행동하자.
다 함께 살만한 세상을 원한다면!

01

고객처럼
생각하라

수상한 노인?

한 노인이 미국과 캐나다의 크고 작은 도시를 돌아다니고 있었다. 어느 날은 지팡이와 보행기에 의존했다. 어느 날은 아주 건강하게 활동했다. 어느 날은 부랑자 모습을 했다. 이 노인은 도대체 누구일까?

그녀는 당시 26세의 제품 디자이너, 패트리샤 무어였다. 그녀는 노인을 비롯해 모든 사람에게 편리한 유니버설 디자인universal design을 하기로 마음먹었다. 하지만 관찰과 설문조사만으로 노인들의 불편함을 알기는 부족하다고 생각했다. 그래서 직접 노인이 되어 살아 보기로 했다.

그녀는 TV 프로그램 메이크업 아티스트의 도움을 받아 80대 노인으로 분장했다. 다양한 노인의 삶을 위해 노숙자, 귀부인 등 9명의 모습으로 분장했다. 눈에는 도수가 안 맞는 안경을 썼다. 귀에는 솜을 넣었다. 철제 보조기를 이용해 걸음걸이도 불편하게 만들었다. 그리고 3년 동안 100여 개 도시를 홀로 돌아다니며 모든 것을 기록했다.

이 과정에서 그녀는 노인으로 산다는 것이 얼마나 불편한지 깨닫게 됐다. 평소엔 10분밖에 걸리지 않았던 곳이 노인 걸음으로는 1시간 이상 소요됐다.

버스는 노인이 타기에 너무 높았다. 보행 신호등은 노인 걸음으로 건너기에는 너무 빨리 바뀌었다. 계단을 오르내리는 것과 상점 문을 여닫는 것도 사람들의 도움이 없이는 할 수 없었다. 보통 사람은 당연하게 여기는 것이 노인에게는 얼마나 불편한 것인지 뼈저리게 느꼈다.

이렇게 노인의 삶을 체험한 덕분에 모두에게 편리한 제품을 발명할 수 있었다. 소리 나는 주전자, 출입문에 계단이 없는 저상버스, 손쉽게 감자를 손질할 수 있는 일자형 감자칼 등이다. 이 물건들은 당시 그야말로 혁신 그 자체였다. 성별, 연령, 장애 유무와 관계없이 누구나 손쉽게 쓸 수 있는 제품들이다.

고객처럼 생각하라

흔히 입장을 바꾸어 생각하라면서 역지사지易地思之를 강조한다. 필자는 종종 '고생'을 하라고 말한다. 젊어서는 사서도 하라는 고생苦生이 아니다. '고객처럼 생각하라'는 의미다. 자기 입장이 아니라 고객 입장에서 생각해야 한다.

고객처럼 생각하려면 고객의 신발 속으로 들어가야 한다. 그런데 이것이 생각보다 쉽지 않다. 필자가 재미있게 본 카툰 내용을 소개한다. 한 사람이 신발을 신으려고 열심히 애쓰는데 들어가지 않아 끙끙거리고 있다. 안타깝게 지켜보던 직원이 참다못해 한마디 던진다. "손님, 다른 신발을 신으려면 당신 신발은 벗어야 하지요."

그렇다. 남의 신발을 신으려면 우선 내 신발을 벗어야 한다. 사람은 누구나 두 마리 개犬, 견를 키우고 있다고 한다. 편견犬과 선입견犬. 편견과 선입견이 내가 신고 있는 신발이다. 편견과 선입견을 버려야 온전히 남의 입장에서 세상을 볼 수 있다.

게다가 그 누구도 '지식의 저주'에서 자유롭지 못하다. '지식의 저주'는 자신에게는 익숙한 것이라서 다른 사람들도 당연히 알고 있을 거라 생각하는 데서 발생하는 문제다. 한 업종에서 오래 근무해 아는 것이 많은 사람일수록 '지식의 저주'에 빠지기 쉽다. 자신에게는 너무나 익숙한 것이기 때문에 상대하는 고객도 알고 있을 것으로 착각한다. 내게는 익숙한 것이 고객에게는 낯설게 보일 수 있다는 사실을 잊기 때문이다.

익숙한 것을 낯설게 보려면 고객의 관점을 취하는 것이 필요하다. 명지병원은 의료진이 환자가 되어 보는 역지사지 프로그램을 실시했다. 환자 등록부터 진료, 검사, 수납, 입원까지. 환자들이 병원에 와서 겪어야 하는 모든 과정을 체험하는 프로그램이다. 병원에 처음 온 사람의 관점에서 보면 모든 것이 다르게 보인다.

IBM은 컴퓨터 판매를 업의 본질이라고 생각하다가 수많은 추격자와의 경쟁으로 추락했다. 그러다가 극적으로 회생했다. 철저하게 고객지향적인 회사로 변신했다. 어떻게 이것이 가능했을까? 이 변신의 중심에는 루 거스너 회장이 있다. 거스너 회장은 사실 오랫동안 IBM의 고객이었다. 고객의 입장에서 불편한 점을 직접 체험해 왔던 터라 고객 중심 사고를 회사 내에 전파하는 것이 가능했다. 과거 사업별로 분산되어 있던 체제를 고객을 중심으로 시너지를 추구하는 체제로 개편했다.

현대카드는 수년 전 고객 상담을 개선하기 위한 조치를 취했다. 카피라이터 출신의 직원을 채용해 고객 상담 대본을 샅샅이 분석했다. 일주일에 두 시간씩 관련 임원들이 모여 상담 대본을 읽고 녹음된 내용을 들어보는 회의를 열었다. 그리고 고객 상담 대본을 전면 개편했다. 상담센터는 물론이고 현업 부서, 마케팅 등 관련 부서와 협의 체제를 구축했다. 급기야 천여 개 대본을 고객 중심으로 바꿨다. 예를 들어 '피해를 보상해 드리고'라는 말을 고객 입장에서 해석해 '피해를 보상받으실 수 있고'로 바꿨다. '내사 없이'란 어려운 표현도 '방문 없이'로 바꿨다.

삼성전자는 고객경험CX : Customer eXperience에 방점을 두고 조직 개편을 했다. 예컨대 소비자가전과 IT/모바일을 통합한 완제품 부문 명칭을 디바이스경험DX : Device eXperience으로 변경했다. 가전, IT, 모바일은 제품이나 기업 관점의 명칭이다. 디바이스경험은 고객 관점에서 보는 것이다. LG전자도 상품기획으로 불리던 조직을 고객경험CX으로 바꿨다. 고객이 느끼는 불편함을 파악하기 위해 사내 인트라넷에 'CX 소통 플랫폼'을 만들었다. 구성원들은 여기서 고객경험 노하우를 논의하고 고객 불편을 해결하기 위한 아이디어를 공유한다.

작은 규모의 업체는 미혼 직원을 고용하는 것을 선호하는 경우가 많다. 반면에 필자가 아는 한 교육업체는 사업 초기부터 기혼자나 자녀가 있는 직원들에 대해 오히려 우호적인 입장을 보여 왔다. 교육업의 특성상 기혼자가 프로그램에 대한 이해도가 훨씬 높았기 때문이다. 고객과의 불협화음이 있을 때는 직원에게 본인이 당사자였다면 어떻게 했을 지 상상해 보게 한다. 직원 입장에서는 절대 이해할 수 없는 고객의 행동이지만 부모 입장에서 다시 한 번 생각해 보면 이해하고 공감할 수 있게 된다.

그럼에도 '고객처럼 생각하라'는 말을 남의 얘기로만 여기는 사람이 종종 있다. 회사 업무가 B2B인 직원이거나 외부 고객을 직접 만날 일이 전혀 없는 개발엔지니어 등이다. 이들은 주로 자신의 역량이나 성과를 중시한다. 그렇지만 보고서 하나를 작성하더라도 그 자료를 보는 고객 입장을 배려해야 한다. 보고서 내용을 잘 모르는 사람의 입장에서 알기 쉽게 보고서를 작성해야 한다. 게다가 고객이 궁금해 하거나 질문할 것도 미리 준비해야 한다.

고객 입장에서 생각하는 것은 모든 사회생활에 적용될 수 있다. 역지사지의 마음으로 주변 사람들의 처지와 기분을 배려하자. 뿐만 아니라 필요할 때는 그들의 불편한 점을 해결해 주자. 모름지기 내가 먼저 나서 행동하고 마음을 보여주면 상대방도 마음을 연다.

고객처럼 생각하자. 아니, 고객처럼 행동하자. 다 함께 살만한 세상을 원한다면!

02

우유 엎지르고 나서…
서비스 회복 패러독스

"우유 엎지르고 나서 울어봐야 소용없다." 우리에게 잘 알려진 속담이다. 일단 잘못을 저지르면 끝이라는 의미다. 과연 그럴까?

필자의 지인은 오래 전 동료 여직원에게 잘 보이려고 커피를 건네주다가 긴장한 나머지 하얀 원피스에 엎지르는 실수를 했다. 그런데 "정말 미안하다. 사과하는 의미로 저녁을 사겠다."고 제안하며 두 사람의 만남이 시작되었다. 결국은 둘이 결혼해 지금 애 둘 낳고 잘 살고 있다. 산통 다 깨졌다고 생각했던 순간이 평생 가는 관계를 만드는 기회가 된 것이다.

유튜버 '시나쓰'는 어머니가 사용하던 삼성 폴더폰 Z 플립의 문제를 발견했다. 핸드폰을 접기만 하면 전원이 갑자기 꺼져버리는 현상이었다. 그는 구매한지 1년 반이 지난 시점이라 당연히 유상 수리일거라고 걱정하며 서비스 센터를 방문했다. 그런데 서비스 센터 직원은 접히는 부분힌지에 문제가 있는 것 같다며 무상으로 힌지, 화면, 외관을 새로운 부품으로 교환해 줬다.

감동한 그는 이 내용을 정리해 '접을 수 없는 갤럭시 Z 플립? 삼성 서비스 센터를 다녀왔습니다'라는 제목의 영상을 올렸다. 그는 손뼉을 치며 "역시 이 맛에 삼성 쓴다"고 말한다. 그리고 엄지 척을 해보이며 "고맙습니다. 삼성"이라는 말로 영상을 마무리한다. 이 영상은 공개한지 1년 만에 500만 회가 넘는 조회수를 기록했다. 삼성을 칭찬하는 수많은 댓글이 달린 것은 물론이다.

고객이 항상 제품이나 서비스에 만족하는 것은 아니다. 제품이든 서비스든 실패가 발생할 수 있다. 이런 실패로 인한 문제를 해결하려는 기업의 노력을 서비스 회복service recovery이라고 부른다.

그런데 여기서 서비스 회복 패러독스service recovery paradox라는 흥미로운 개념을 이해할 필요가 있다. 서비스 회복 패러독스란 실패가 잘 회복된 경우 애당초 실패가 없었던 경우보다도 오히려 더 높은 고객만족과 로열티가 나타난다는 것이다. 즉 실패가 있었더라도 회복을 잘 하면 고객의 불만을 줄이는 것은 물론 로열티까지도 높이는 기회가 된다는 것이다.

어떻게 이런 일이 가능할까? 필자는 문제가 발생했을 때의 고객을 '물에 빠진 사람'이나 '몸이 아픈 환자'에 비유한다. 물에 빠진 사람은 지푸라기라도 잡고 싶은 심정이다. 그 때 손을 뻗어 도와준 사람에 대해 무척 고마워할 것이다. 몸이 아픈 환자도 의사나 가족의 따뜻한 한마디에 큰 위안을 얻는다. '어려울 때 친구가 진짜 친구다A friend in need is a friend, indeed'라는 말이 있지 않은가? 슬픔이나 고통을 함께 하면 더 고맙고 더 오래 가슴에 남는다.

스포츠 경기도 마찬가지다. 1998년 US여자오픈에서 박세리 선수가 보여준 맨발 투혼 샷을 기억해 보자. 연장전 18번홀에서 공이 해저드에 빠지자 맨발로 연못에 들어가 날린 샷은 아직도 팬들의 마음에 생생하다. 당시 IMF 외환위기로 실의와 절망에 빠져 있던 국민들에게 위로와 감동을 준 것은 물론이다. 박세리도 자신의 골프 인생 최고의 한 방으로 꼽는다. 또 1:3으로 다 꺼져가던 대한민국 올림픽 야구팀이 9회말 2사에서 끝내기 안타로 역전했던 경기도 기억해보자. 인생이든 스포츠 경기이든, 고통에는 역전드라마의 감동이 숨겨져 있다.

고객은 기업을 두 가지 측면에서 평가한다. 첫째, 기업이 약속한 제품이나 서비스를 제공하는가? 둘째, 예상치 못한 문제가 발생했을 때 기업이 이를 어떻게 처리하는가?

대부분 평범한 기업들은 첫 번째 측면에만 신경 쓰는 경향이 있다. 그리고 문제가 발생했을 때 대응이 소극적이다. 마지못해 '의

무방어전' 식으로 대응하며 임무를 마쳤다고 한숨 돌리는 것이다. 그러나 탁월한 기업은 여기서 한 차원 더 나아간다. 고객의 요청 이상으로 성실하게 대응해 오히려 고객의 마음을 얻을 수 있는 기회로 삼는 것이다. 여기가 평범한 기업과 탁월한 기업이 구분되는 지점이다.

그래서 우유 관련 속담은 이렇게 바뀌어야 한다.

"우유 엎지르고 나서 그 다음이 중요하다."

잘못을 범하고 나서 어떻게 하느냐가 판세를 바꿀 수 있기 때문이다. "포기하지마" 오래전 유행했던 노래로만 생각하지 말자. 실수한 순간이야말로 전화위복의 기회다.

03

문제 해결도
고객과 함께

　고객은 이제 더 이상 수동적인 존재가 아니다. 스스로 상품 생산과 전달에 참여하며 가치를 창출한다. 고객은 가치 창출 과정에 참여함으로써 개인적인 필요나 욕구를 충족하며 더 큰 만족을 얻는다. 이렇게 참여하는 고객은 기업의 노동력을 대체하여 생산성 측면에서 경제적 이득을 줄 뿐만 아니라 마치 직원과 같은 역할을 수행하기도 한다.

　예를 들면 온라인 뱅킹으로 은행 업무를 보는 것과 같이 고객이 스스로 가치를 만들어 낸다. 또는 다이어트 컨설턴트의 도움을 받아 체중 감량을 할 때와 같이 서비스 제공자와 협력하며 함께 가치를 만들어 낸다. 이렇게 공동으로 가치를 창출하는 행위는 고객입장에서 신속하고 낮은 가격의 서비스를 받을 수 있다는 점에서 이득이다. 기업 입장에서도 경영 효율성을 높이고 더 높은 가치를 보장할 수 있다는 점에서 이득이다.

고객과 공동으로 가치를 창출하는 것까지는 좋지만, 언제든지 실패가 일어날 수 있다. 100% 완벽한 제품이나 서비스를 제공하기는 현실적으로 어렵기 때문이다. 따라서 고객만족을 확보하고 부정적인 입소문을 막기 위해서는 서비스 회복이 필요하다.

서비스 회복service recovery이란 실패로 인한 문제를 바로잡고 개선하려는 노력을 의미한다. 서비스 회복 패러독스service recovery paradox에 의하면 실패 이후 효과적인 서비스 회복을 하는 경우 고객만족도는 실패 전보다 오히려 더 높다고 한다.

기존에는 서비스 회복을 기업이나 직원의 일로 간주했다. 그러나 최근에는 고객 스스로 기술과 지식을 동원하여 실패의 원인을 찾고 해결하는 경향이 높아지고 있다. 예를 들어 이전에는 노트북이 망가졌을 때 다짜고짜 서비스 센터를 찾는 고객이 다수였다. 이제는 우선 사용자 매뉴얼을 살펴보고 스스로 노트북의 상태를 점검하며 문제를 해결하려고 노력하는 고객이 늘어나고 있다. 고객 참여가 서비스 회복 과정에까지 확장되는 것이다.

서비스 실패에 따른 후속조치에 고객이 관여하는 수준에 따라 회복 유형은 세 가지로 나뉜다. 첫 번째는 기업 주도적 회복이다.

고객의 참여가 전혀 없거나 낮은 수준으로 회복 노력이 전적으로 기업이나 직원에 의해 이루어지는 경우다. 예를 들어 온라인 뱅킹을 사용하는데 어려움을 겪는 고객이 있을 때, 필요한 작업을 직원이 모두 대신해 주는 경우가 이에 해당된다.

두 번째는 공동 회복으로 고객과 직원이 함께 회복 노력을 기울이는 경우다. 고객은 자신의 노력, 시간, 자원을 들여 회복에 동참한다. 앞선 예의 문제해결과정에서 직원은 안내자로 현장에서 직접 또는 전화나 인터넷으로 고객에게 필요한 정보나 기술을 전수하는 역할을 맡는다.

세 번째 유형은 고객 주도적 회복으로 고객이 전적으로 회복 노력을 들이는 경우다. 기업은 아무런 공헌을 하지 않고 고객이 스스로 노력해 문제를 해결하는 형태이다. 고객은 온·오프라인 상으로 다른 고객 또는 제 3자의 동참을 유도하기도 한다. 따라서 고객이 참여하는 회복은 두 번째 공동 회복과 세 번째 고객 주도적 회복이라고 할 수 있다.

고객 주도적 회복을 누구보다 더 적극적으로 장려하는 기업으로 프레임워크Framework가 있다. VR 관련 기기를 개발하는 오큘러스Oculus에서 엔지니어로 일하던 니라브 파텔Nirav Patel이 설립한 스타트업이다. 프레임워크는 가능한 한 제품 수명을 늘리고 산업폐기물을 줄이는 것을 모티브로 하여 고객이 스스로 부품을 교환하여 수리하는 것이 가능한 노트북을 만든다.

프레임워크는 홈페이지에 커뮤니티Community를 개설해 기업과 고객 간, 더 나아가 고객과 고객 간 제품 이용 및 수리 서비스를 공유하는 소통의 장을 제공한다. 고객들은 상호 소통을 통해 제품 수리, 부품 교체에 대한 지식과 정보를 공유하며 주도적으로 문제 해결에 참여한다. 그 결과 종종 더욱 참신하면서 편리한 수리 방법이 해결책으로 나오게 된다.

고객이 참여하는 회복의 이점은 무엇일까? 고객이 서비스 회복에 참여하게 되면 기술과 지식을 습득하게 되고, 이에 따라 향후 공동으로 가치를 창출할 능력이 향상된다. 고객은 자신의 역할과 책임에 대해 더 잘 이해하게 되고 추가적인 지식과 능력을 배양하게 된다. 게다가 고객이 문제를 해결하는데 공을 들이고 마침내 만족스러운 회복 결과를 달성하면 성취감과 자부심을 갖게 된다. 그리고 회복 과정에 관여하는 자체를 통해 얻는 기쁨이 총체적으로 증진된다.

그렇다면 고객이 참여하는 회복이 왜 중요할까? 두 가지 해석이 가능하다. 첫째, 전통적인 상황에서는 기업이 가치를 창출하고 고객은 그것을 받는 관계가 전제되었다. 따라서 모든 실패의 책임이 기업에 있었다. 기업의 잘못이니 고객을 끌어들일 이유도 없었고 고객을 서비스 회복과정에 동참시키기도 어려웠다. 그러나 애초에 기업과 고객이 공동으로 가치를 창출하는 관계라면 실패가 일어났을 때 기업이 독자적으로 회복하려는 행위가 도리어 고객의 권한과 가치 창출에 대한 자신감에 상처를 줄 수 있다. 기업이 진정으로 고객을 파트너로 생각한다면, 서비스 회복 과정에 고객을 동참시킬 필요가 있는 것이다.

둘째, 고객이 참여하는 회복이 기업 주도적 회복에 비해 대응 속도 측면에서 월등하기 때문이다. 고객과 기업이 함께 가치를 창출하는 경우, 기업이 독자적으로 실패의 원인을 규명하고 시기적절하게 회복하기는 쉽지 않다. 반면 고객 스스로 또는 기업과 공동으로 회복 노력을 기울이면 시기적절하게 문제를 해결할 수 있다.

유통업계 최대 화두인 라이브 커머스를 생각해 보자. 일명 '라방'이라고도 불리는 라이브 커머스는 라이브스트리밍live streaming 과 전자상거래e-commerce의 합성어다. 실시간으로 모바일 동영상 스트리밍 방송을 통해 상품을 판매하는 것이다. 유명한 프로그램이나 쇼호스트는 충성도 높은 팬덤을 가지고 있다. 쇼호스트와 시청자들 간에 쌍방향 소통이 활발하고 끈끈한 라포가 형성되어 있다.

그러나 동시에 많은 시청자들이 접속하거나 새로운 고객이 채널에 들어올 경우, 라이브 커머스의 장점인 쌍방향 소통이 어려워질 수 있다. 예를 들어, 참여자가 너무 많아 쇼호스트가 참여자의 질문을 놓쳐 원하는 답을 해주지 못할 수 있다. 또 빠르게 방송이 진행되다 보면 시청자의 애로사항을 놓칠 수 있다. 이때 애청자들이 중요한 역할을 수행한다. 이들은 새로운 시청자들에게 도움을 주기도 하고, 쇼호스트가 놓친 질문에 대한 답을 공유하며 즉각적으로 고민을 해결해 나간다. 서비스 제공자의 개입 없이 다른 고객이 참여해 고객 주도적 회복을 하는 것이다. 기업의 입장에서는 비용과 시간을 아끼면서도 양질의 서비스를 제공하는 셈이다.

이제 기업은 문제가 발생했을 때도 고객에게 적극적으로 의견을 구하고 손을 내밀어 회복 과정에 고객을 동참시킬 필요가 있다. 역설적으로 들릴지 모르지만 고객과의 오랜 관계를 꿈꾼다면 명심하자. 문제 해결도 고객과 함께.

04

사랑이
증오로 바뀌는 순간

"어떻게 사랑이 변하니?"

영화 '봄날은 간다'의 명대사이다. 순수한 남자 주인공 유지태가 헤어지자는 연인 이영애에게 하는 말이다. 아마도 사랑이 절대적이고 영원할 것이라고 믿었기 때문이리라. 그러나 다음 사례들을 보자.

#1 망치를 든 할머니

"내가 망치를 들고 가리라고는 전혀 생각하지 못했어요. 하지만 난 정말 화났었습니다." 2007년 8월 어느 날, 컴캐스트Comcast라는 케이블 회사에 찾아가 난동을 부리고 미국 전역에서 유명해진 사람의 말이다. 주인공은 다름 아니라 아주 점잖게 생긴 75세 할머니 모나 쇼Mona Shaw다. 도대체 무슨 일이 있었던 걸까?

모나 쇼는 컴캐스트사에 전화, 인터넷, 케이블의 통합 서비스를 주문했다. 그녀는 설치하기로 예약된 월요일 하루 종일 기다렸다. 그렇지만 설치기사는 나타나지 않았다. 이틀 뒤 수요일이 되어서야 기사가 왔다. 그런데 기사는 일부 서비스만 개통하고 홀연 사라졌다. 금요일에는 그나마 개통된 서비스를 포함해 모든 서비스가 중지되었다.

전화마저 작동이 안 되다 보니 그녀는 항의하러 대리점에 가서 매니저를 찾았다. 밖에서 기다리라는 직원의 말에 무더운 날씨에도 불구하고 그녀는 야외에서 2시간이나 기다렸다. 그리고는 매니저가 퇴근해 만날 수 없다고 통보 받았다. 전화도 케이블도 인터넷도 없이 주말을 보낸 그녀는 월요일이 되자 바로 망치를 들고 대리점을 찾아가 키보드와 전화기를 때려 부순 것이다. 그녀는 벌금 345불, 집행유예 3개월, 접근금지 1년을 선고받는다.

이 사건은 순식간에 전국적으로 알려진다. 그녀는 각종 언론매체에 등장하며 일약 유명 스타(?)가 된다. '컴캐스트는 사라져야 한다ComcastMustDie.com' 등 여러 웹사이트가 생기며 컴캐스트에 대한 비난이 폭주하게 된다. 이로 인해 컴캐스트사는 이미지와 매출이 큰 타격을 입게 된다.

#2 파손된 기타

유나이티드 항공_{United Air}을 이용한 무명가수 데이브 캐럴_{Dave Caroll}은 수하물을 운반하던 직원이 자신의 기타를 함부로 집어 던지는 것을 목격했다. 아니나 다를까, 목적지에 도착해 보니 기타가 파손된 것을 발견했다. 그는 항공사에 손상된 3천5백 달러짜리 기타에 대해 보상을 요구했다. 하지만 모든 관계자들이 하나 같이 자기 책임이 아니라며 회피했다. 결국 이 문제는 9개월 동안이나 해결되지 않았고 항공사는 끝내 보상을 못하겠다고 통보했다.

회사의 무책임한 대응에 데이브는 분노했다. 직접 회사를 자신만의 방식으로 응징하기로 결심했다. 그는 "유나이티드는 기타를 부순다_{United Breaks Guitars}"라는 제목의 뮤직 비디오를 제작해 유튜브에 올렸다. 제작비는 단돈 150달러, 그렇지만 파급효과는 엄청났다.

이 뮤직 비디오는 나흘 만에 100만 건 이상의 조회수를 기록했다. 입소문을 타고 수많은 패러디 영상들이 올라왔다. 2주 만에 유나이티드 항공의 주가는 10% 하락하고 시가총액 1억8천만 달러가 증발했다. 이후 유나이티드 항공은 수많은 사람들의 엄청난 조롱에 시달리게 된다.

#3 호박즙 파동

이런 사건이 외국에서만 발생하는 것은 아니다. 한 때 굉장한 사랑을 받았으나, 한 순간에 팬들이 안티로 돌아서며 신뢰를 잃은 국내 쇼핑몰을 살펴보자.

이 쇼핑몰은 소셜네트워크 상에서 활발히 활동하는 인플루언서이자 해당 쇼핑몰의 대표 및 모델이던 인물을 중심으로 두터운 팬 층을 확보하며 승승장구하고 있었다. 그러던 어느 날 쇼핑몰에서 구매한 호박즙에 곰팡이가 있었다는 후기가 남겨지며 사건은 시작된다. 그런데 정작 고객의 화를 돋운 것은 호박즙의 곰팡이라기보다는, 자신의 불평에 대한 쇼핑몰 측의 불만족스러운 대처였다. 고객은 전액 환불을 원했으나, 먹고 남은 호박즙만 환불 가능하다고 한 것이다.

다른 것도 아니고 먹는 것에서 곰팡이가 나왔는데 남은 호박즙만 환불하겠다고? 화가 치민 고객은 곰팡이가 핀 호박즙 사진을 인스타그램에 올린다. 그리고 소셜네트워크 상에 쇼핑몰에 대한 부정적인 후기들을 선별하여 게시하는 계정을 개설하는 등, 쇼핑몰에 타격을 줄 만한 보복 행동을 하게 된다. 이것들이 각종 커뮤니티에 퍼 날려진다. 결국은 많은 팬들의 신뢰를 잃게 되는 치명적인 계기가 된다.

고객이 분노하는 이유는?

사랑은 변한다. 연인 간 사랑이 식거나 증오가 되기도 한다. 결코 영화나 드라마에만 존재하는 상황이 아니다. 기업과 고객 사이에서도 사랑이 분노나 증오로 바뀔 수 있다. 심지어 한 때 사랑했던 대상에게 큰 피해를 줄 수 있는 보복 행동을 하는 경우도 빈번하다. 자신에게는 아무런 이득이 없더라도 시간과 비용을 들여가면서 말이다. 왜 고객이 이처럼 분노할까? 무엇이 사랑을 증오로 바꿀까?

사랑이 증오로 바뀌는 주된 이유는 배신감이다. 기업 혹은 브랜드가 고객과의 관계에 있어서 공정성을 의도적으로 위반했다고 여겨질 때 배신감이 발생한다. 흥미로운 사실은 친한 관계일수록 이런 배신감이 증폭된다는 점이다. 믿는 도끼에 발등 찍히면 더 아픈 법이다. 이렇게 배신감을 느낀 팬이 안티가 될 수 있다. 지역밀착이 강한 프로 스포츠에서 팀이 연고지를 이전했을 때 기존 팬들이 등 돌리는 것도 비슷한 현상이다.

고객이 느끼는 공정성fairness은 세 가지 차원으로 설명할 수 있다. 고객이 받게 되는 결과나 보상과 관련된 분배적 공정성distributive fairness, 고객 불만을 처리하는 방법 및 정책과 관련된 절차적 공정성procedural fairness, 절차가 진행될 때 직원이 고객을 대하는 방식과 관련된 상호작용적 공정성interactional fairness이다. 연구에 의하면 고객은 분배적 공정성과 절차적 공정성이 위반되었을 때 가장 큰 배신감을 느끼는 것으로 밝혀졌다. 배신감은 다양한 보복 행동으로 이어진다. 공정성을 중시하는 MZ세대를 고객이나 직원으로 대해야 하는 기업에게 주는 시사점이 크다.

모나 쇼, 데이브 캐럴, 호박즙 고객. 모두 자신이 원하는 결과를 얻지 못해 분배적 공정성이 파괴되었다고 느낀 것이다. 게다가 자신이 제기한 불만에 대한 회사의 대응이 절차적으로 공정하지 않다고 인식하고 분노한 것이다. 이 분노가 회사 기물을 파손하거나 소셜네트워크 상에서 회사 이미지를 손상하는 보복행동으로 이어진 것이다.

사랑은 변한다. 때로는 사랑이 증오로 바뀔 수 있다. 연인 사이에서만이 아니라 기업과 고객의 사이에서도. 그리고 기업의 '봄날은 간다.'

05

익숙함에 속아
소중함을 잃지 말자

"우리 친구 아이가" "친구 좋다는 게 뭐니?" "친구끼리 뭘 그런 것 가지고 그러니?" 일상생활 속에서 흔히 듣는 말이다. 그런데 친구 사이가 항상 도움이 될까? 다음 일화를 통해 친구 사이에 대해 한 번 되짚어보자.

A씨는 다가오는 생일에 평소 즐겨 찾는 레스토랑에서 파티를 열기로 했다. 그래서 레스토랑에 미리 전화해 레스토랑 주인에게 리버뷰 테이블 예약을 부탁했다. 그런데 막상 생일날 온 가족이 레스토랑에 들어섰는데 리버뷰 테이블이 만석이라고 한다. 이런 상황에서 A씨는 어떻게 반응할까?

이 대답은 레스토랑 주인이 A씨와 친한 사이인가, 아니면 그냥 일반적 사이인가에 따라 달라질 것이다. 주인과 친한 사이라면 실패를 어느 정도 이해하고 용서하지 않을까? 아니면 테이블 하나를 잡아 주지 못한 주인에게 실망하고 배신감을 느낄까? 관련 연구에 따르면 A씨의 반응은 여러 가지 변수에 따라 달라질 수 있다.

그 해답의 실마리를 찾기 위해 우선 인간관계의 유형에 대해 알아보자. 인간관계는 크게 교환 관계exchange relationship와 공동체 관계communal relationship로 구분할 수 있다. 교환 관계는 주고받는 것이 정확한 사이인 반면, 공동체 관계는 친구 같은 사이다. 비즈니스 파트너를 대하는 관계와 친구를 대하는 관계를 상상해 보면 이해하기 쉬울 것이다.

교환 관계는 자신이 제공하는 이익에 상응하는 이익을 나중에 얻기를 기대하거나, 이전에 받은 이익을 돌려주기 위해서 이익을 제공하는 사이다. 교환 관계를 맺은 사람들은 명시적으로 했든 암묵적으로 했든 약속이 이행되지 않은 경우 만족하지 못한다.

한편 공동체 관계는 친분에 근거한 사이다. 상대방을 배려하는 차원에서 이익을 제공하는 관계다. 자신이 어떤 이익을 받았다고 해서 반드시 상대방에게 되돌려 줘야 하는 의무가 발생하는 사이가 아니다. 물론 공동체 관계의 사람들도 자신이 받은 이익을 돌려주곤 한다. 하지만 감사하는 마음에 근거한 것이지 의무감에 의한 것은 아니다.

교환 관계와 공동체 관계는 상대방 행동에 대한 기대나 실제로 발생한 행동에 대한 반응에 있어 차이가 있다. 왜냐하면 각기 다른 규범이 작용하기 때문이다. 교환 관계의 경우는 상대방이 누구든지 상관없이 상호성reciprocity 규범이 작용한다. 예컨대 고객은 자신이 구매한 상품이 지불한 가격만큼 가치 있기를 기대한다. 한편 직원은 고객이 제때에 지불하길 기대하고 상품이 마음에 안 들더라도 손상하지 않고 반품하길 기대한다. 이처럼 상호 간에 기대하는 것과 각자 해야 할 일이 정해져 있는 사이가 교환 관계다.

반면 공동체 관계 경우는 조금 복잡하다. 관계를 맺은 개인들의 니즈와 의무를 중시하는 규범이 작용한다. 따라서 자신 관점에서 생각하느냐, 아니면 타인 관점에서 생각하느냐에 따라 개인의 기대와 반응이 달라진다. 자신 관점 사고를 한다면 상대방이 자신의 니즈를 이해하고 충족해 주길 바란다. 타인 관점 사고를 한다면 자신이 상대방 니즈에 최대한 응대하려는 마음가짐을 가진다.

그럼 고객 A씨가 어떻게 반응할 것인가로 돌아와 보자. 우선, 고객이 레스토랑 주인과 친하지 않은 경우를 생각해 보자.

이 경우는 교환 관계의 규범이 작용할 것이다. 서비스 실패가 발생하면 고객은 레스토랑 주인이 비즈니스 계약상의 주요 의무를 다하지 않은 것으로 간주하고 불만족할 가능성이 높다. 애초에 관계를 어렵지 않게 끝낼 수 있는 사이이기 때문이다.

다음은 고객이 레스토랑 주인과 친한 경우를 살펴보자. 이 경우는 교환 관계와 공동체 관계가 동시에 작용해 문제가 약간 복잡해진다. 특정 상황에서 어느 관계 규범이 부각되는가, 고객이 어떤 사람인가에 따라 반응이 달라진다. 자신 관점 사고를 하는 사람이라면 자기 니즈에 더 집중하기 때문에 서비스 실패에 대한 책임이 레스토랑 주인에게 있다고 생각해 부정적으로 반응한다. 반면 타인 중심 사고를 하는 사람은 서비스 실패를 이해하고 수용하며 용서하는 경향이 있다. 오히려 자신의 의무에 대해 깊게 생각한다. 서비스 실패에 대해 상대적으로 덜 부정적이다.

흥미로운 사실은 상대방이 약속을 얼마나 분명하게 했는가에 따라 반응이 달라진다는 점이다. 레스토랑 주인이 테이블을 반드시 잡아 주겠다고 확실하게 약속했다면 고객은 자기 니즈에 더 집중하고 레스토랑 주인의 명백한 실패에 대해 불만족 한다. 반면 예약을 할 당시 레스토랑 주인이 테이블을 잡아 줄 수 있을지 모르겠지만 최대한 노력해보겠다는 식으로 애매하게 약속했다면 다르다. 고객이 레스토랑 주인 입장에서 상황을 헤아리게 될 가능성이 높다.

타인과의 관계에서 자신을 인식하는 성향도 중요하다. 상호의존적 성향의 사람은 약속이 지켜지지 않은 경우 상대방이 지키지 않은 의무가 없는지 따지는 경향이 있다. 때문에 실패에 대해 민감하게 반응하고 실패를 용서하지 않고, 남남일 때보다도 오히려 더 단호히 돌아선다. 이에 반해 독립적 성향의 사람은 상대방이 왜 의무를 다하지 않았는가에 대해 그렇게까지 예민하게 반응하지 않는다. 본인이 독립적인 만큼 타인에 의해 크게 영향을 받지 않기 때문이다.

지금까지 전망 좋은 테이블을 잡아 주겠다는 약속이 깨어진 상황에서 고객이 어떻게 반응할까에 대한 해답을 찾기 위해 여러 가지 변수를 살펴보았다. 이미 짐작했겠지만 친구라고 해서 다 같은 친구는 아니다. 열 길 물속은 알아도 한 길 사람 속은 모른다. 항상 자신 관점에서 생각하는 사람, 자신이 해야 할 일 보다 상대방 책임을 따지는 사람, 관계를 지속하는 과정에서 지나치게 상대방에 의존하는 사람. 이런 사람들은 상대방이 명시적으로 했던 약속을 지키지 않았을 때 친한 관계의 경우 더 큰 배신감을 느끼고 더 부정적으로 반응한다.

이미 고객들과 친밀한 관계를 맺었으니 충성심은 따 놓은 당상이라는 생각에 소홀히 하지 말라. 새로운 고객 유치하는 데만 힘 쏟지 말라. 친한 관계에서 문제가 발생하면 오히려 더 부정적인 결과로 이어질 수 있다. 친한 고객일수록 세심한 배려와 노력이 필요하다.

친한 사이라고 방심하지 말고 실수하지 않아야 한다. "익숙함에 속아 소중함을 잃지 말자"라는 말이 있지 않은가?

06

헤어짐이 최선일 때도 있다
: 불량고객

　2007년 미국 스프린트$_{Sprint}$사는 천여 명의 고객에게 서비스 중지를 통보해 세상을 놀라게 했다. 대상은 이상한 행동을 보인 고객이다. 시도 때도 없이 업무를 방해하는 고객, 상습적으로 직원을 모욕하는 고객, 해결된 문제에 대해서 계속 문제를 제기하는 고객, 다른 고객 정보를 불법적으로 요구하는 고객 등이다. 이처럼 악의적으로 부당하고 무리한 요구를 하거나 주위에 피해를 주는 고객을 불량고객이라고 부른다.

　2013년 LA행 대한항공 A380기에서 발생한 사건도 세상을 시끄럽게 했다. 비즈니스석 승객이던 P사 왕 상무는 기내 주방 갤리에 난입해 들고 있던 책 모서리로 승무원의 눈두덩이를 내리찍었다.

'라면이 짜다'는 것이 주된 이유였다. 갖가지 트집을 잡으며 그가 받아낸 세 번째 라면에는 수프가 고작 반만 들어가 있었다. 미국 땅에서 그를 맞이한 건 FBI. "기내 승무원 폭행은 테러행위다. 입국 수속 후 구속 수사를 받아라. 아니면 입국을 포기하고 그냥 귀국하라." 이에 울며 겨자 먹기로 되돌아온 그는 보직해임을 당했다. 그리고 라면 봉지에 "매운 싸다구 맛과 개념 無첨가" 등 문구가 추가된 조롱 섞인 패러디물이 등장하며 널리 회자된다. 이 사건은 그동안 쉬쉬하던 불량고객 문제를 사회적으로 조명하는 계기가 되었다.

불량고객을 블랙 컨슈머black consumer라고 부르는 경우를 종종 본다. 그러나 글로벌 시대에 블랙 컨슈머라는 용어는 사용하지 않는 것이 좋겠다. 블랙은 자칫하면 흑인을 비하하는 인종차별적인 발언으로 비춰질 수 있기 때문이다. 일부 기업에서는 문제행동고객, SCCspecial care customer, VIP고객, 스마일고객 등의 내부 용어를 사용한다. 불량고객은 직원, 고객, 기업에게 나쁜 영향을 미칠 수 있다. 우선 직원에게 정신적, 물리적, 정서적 피해를 줄 수 있다. 고객의 위협적인 욕설이나 행동을 경험한 직원은 스트레스를 받게 되고 사기가 급격히 저하된다. 불량고객에게 반복적으로 휘둘리게 되면 직원은 인격적인 모멸감과 자괴감을 느끼게 된다. 한 고객센터 관리자에 의하면 불량고객들이 숫자로는 적지만 정성적으로는 전체 업무 부담의 80% 이상을 차지한다고 한다.

B2B기업에서도 불량고객은 발생한다. 상생하는 파트너 관계가 아니라 갑甲과 을乙 관계로 보며 무리한 요구를 하는 고객이 종종 발생한다. 예컨대 공개할 수 없는 기술적 자료를 요구하거나 직접적으로 관련이 없는 제품 불량에 대한 책임을 전가하는 것이다. 심지어 리베이트, 향응 접대 등 불법적인 요구도 있다.

불량고객은 다른 고객들을 불편하게 하며 그들의 경험을 망칠 수 있다. 결국은 대다수의 선량한 고객에게 피해가 간다. 게다가 그런 행동을 하면 이득을 볼 수 있다는 잘못된 학습을 통해 다른 고객이 모방할 수 있다. 불량 감자 하나가 다른 감자도 상하게 만드는 셈이다.

불량고객은 또한 기업에게 여러 가지 비용을 유발한다. 실질적인 피해를 복구하는 비용에서부터 스트레스 받은 직원들이 이직해 신규 채용해야 하는 비용 등이다. 최근에는 리뷰를 명목으로 무리한 요구를 하며 협박을 하는 소위 리뷰 거지도 문제다. 고객 입장에서 주면 좋고 안 주면 말고가 아니다. 요구를 안 들어 주면 별점을 낮게 주고 악평을 남기는 것이다. 업주 입장에서는 별점 리뷰가 매출과 연관이 되니 울며 겨자 먹기 식으로 어쩔 수 없이 요구를 들어 주게 된다. 특히 코로나 이후 배달 등 비대면 서비스가 증가하면서 이런 별점 테러가 증가하고 있다.

기업은 이런 불량고객에게 어떻게 대처해야 할까?

첫째, 신중하게 고객을 선별해야 한다. 불량고객을 가장 잘 처리하는 것은 예방하는 것이다. 기업은 좋은 직원을 선발하는데 많은 노력을 기울인다. 이에 못지않게, 바람직한 고객을 선별하는 노력을 기울여야 한다. 불량고객의 특성을 미리 파악하고 고객을 유치할 때 이런 특성을 가진 고객을 받지 않는 것이 필요하다. 미국 뮤추얼펀드 회사인 뱅가드 그룹은 인덱스 펀드에 장기적으로 투자하는 고객이 아니면 받지 않는다. 회사의 철학에 부합하는 고객들과 함께 가겠다는 의지를 명시하는 것이다.

둘째, 혹시 회사 내부에 '불량규정'이 있는지 확인해야 한다. 혹자는 '불량인 것은 고객이 아니라 회사의 규정이나 정책이다'고 말한다. 회사의 잘못된 규정이나 정책이 고객을 불량으로 만든다는 것이다. 그렇기 때문에 선량한 고객을 불량행동으로 유도하는 불합리한 규칙이나 제도는 없는지 점검해야 한다. 만약 회사 정책이 잘못되어서 고객이 그 정책을 악용하게 만들고 있다면 경영진과 이 문제를 공유하고 개선할 필요가 있다.

셋째, 투명한 처리 절차를 확립하고 직원들에게 대응 매뉴얼을 제공하고 주기적으로 교육해야 한다. 그래야 직원이 불량고객을 만났을 때 당황하거나 자칫 또 다른 빌미를 제공하는 것을 피할 수 있다. 대응 매뉴얼은 불량고객의 유형, 응대 시 주의사항, 응대

프로세스, 사후조치 가이드 등을 제시하는 것이 좋다.

　많은 기업이 이미지 실추를 우려해 악성 민원이 제기되면 사실을 확인하지도 않고 무작정 보상을 하고 사태를 마무리 하려 한다. 그러나 기업이 불량고객에 대해 일단 입을 막는 식으로 대응하면 불량고객들을 양산하며 장기적으로 기업에 더 큰 손실을 줄 수 있다. 문제 발생 당시부터 모든 절차를 투명하게 처리하며 잘못을 공개하고 보상해야 한다.

　예를 들어 창구에서 고함을 질러대고 욕을 하는 고객에게 사은품을 준다든지, 대기 순서를 변경시켜 준다든지 하는 경우 그 고객은 불량행동을 반복하게 될 수 있다. 모 은행의 경우 아파트 단지의 현금자동지급기ATM 위생상태가 불량해 모기에 물렸다며 사은품을 보내 달라는 한 고객의 항의 메일을 받았다. 그런데 확인해 보니 이 고객은 이미 여러 차례 유사한 민원을 제기해 사은품을 받았던 것이 밝혀졌다.

　넷째, 불량고객에게 적절하고 공정하게 대응해야 한다. 고객에게 최선을 다하려고 노력해야 하지만 불량고객의 요구를 무조건 들어 줄 수는 없다. 무리한 요구에 대해서는 단호하게 대처해야 한다. 직원들이 고객에게 예의 바르게 행동해야 하지만, 비굴하지 않아야 한다. 이를 위해서는 고객의 요구가 무리한 것인지, 아니면 마땅히 들어줘야 하는 것인지를 정확하게 판단하는 것이 필요하다. 따라서 어떤 고객이 불량고객인지, 대응방안에는 어떤 것이 있는지에 대한 관련 정보를 공유해야 한다.

원칙을 가지고 공정하게 대응하는 것이 중요하다. 때로는 강성 고객에 휘둘려 고통을 받다 보면 순간적으로 불편함을 벗어나기 위해 예외적으로 대응하는 경우가 있다. 그러나 동일한 건에 대해 클레임을 제기한 수많은 고객들이 해당 고객이 예외적인 대우를 받았음을 알게 되는 경우 큰 문제가 될 수 있다. 불편함을 감수하더라도 모든 고객을 공정하게 대해야 향후 발생할 큰 문제를 예방할 수 있다.

여러 부서가 관련된 경우에는 서로 논의하며 불량고객에 휘둘리지 않고 원칙을 바탕으로 일관성 있게 대응해야 할 것이다. 여러 매장이 있는 경우 각 매장에서 수집된 데이터를 취합해 본사 차원에서 고객관리를 진행해야 한다. 그리고 이런 불량고객들에 의해 생긴 문제에 대해서는 직원에게 페널티를 주지 않도록 회사 차원에서 관리할 필요가 있다.

다섯째, 고객에게도 고객으로서의 최소한 의무와 행동 지침에 대한 교육을 해야 한다. 필자는 평소 '고객도 고객다워야 고객이지'라고 말한다. '좋은 고객이 좋은 직원과 좋은 서비스를 만든다'고 믿고 있다. 무조건 고객의 권리만 강조하다 보니 소위 고객 갑질이 빈번하게 발생하는 것이 안타깝다. 직원에 대해 요구만 할 것이 아니라 최소한 예의를 지키고 배려하는 자세를 갖추어야 할 것이다.

기업은 고객에게 행동지침을 알리며 협조를 부탁할 수 있다. 스노우폭스 코리아는 전 지점에 다음과 같은 공정서비스 권리선언을 게시하며 많은 고객들의 공감을 얻은 바 있다.

"우리 직원이 고객에게 무례한 행동을 했다면 직원을 내보내겠습니다. 그러나 우리 직원에게 무례한 행동을 하시면 고객을 내보내겠습니다. 우리 직원들은 언제 어디서 무슨 일을 하든지 항상 존중을 받아야 할 훌륭한 젊은이들이며 누군가에게는 금쪽같은 자식이기 때문입니다. 직원에게 인격적 모욕을 느낄 언어나 행동, 큰 소리로 떠들거나 아이들을 방치하여 다른 고객들을 불편하게 하는 행동을 하실 경우에는 저희가 정중하게 서비스를 거부할 수 있음을 알려드립니다."

물론 고객에 대한 교육은 기업이 주도하기보다는 학교, 정부나 소비자 단체 등이 나서야 효과적일 것이다. 사회적으로 불량고객 문제를 공론화하고 경각심을 높여 불량고객의 발생을 방지해야 한다. 불량고객으로 인한 기업의 피해는 고스란히 다른 선량한 고객의 부담으로 돌아가고 기업의 경쟁력을 낮춰 국가적으로도 손실이다.

여섯째, 선량한 고객을 불량고객으로 오인해서는 안된다. 물론

불량고객을 발견하고 적절하게 대처하는 것이 중요하다. 그러나 순수한 의도를 지닌 선량한 고객이 불량고객으로 취급 받는다는 느낌을 갖게 되면 큰 실망과 분노로 이어질 수 있다. 따라서 선량한 고객을 오해하고 잘못 대하지 않도록 각별히 조심해야 한다.

마지막으로, 때로는 헤어짐이 최선일 때도 있다. 물론 기업이 고객과의 관계를 청산하는 것이 결코 쉽지는 않을 것이다. 매출액 같은 이유 때문에 상대가 불량고객이라 해도 관계를 끝내지 못한다. 그래서 기업과 고객이 '불행한 결혼생활'을 계속하면서 서로 고통을 받는 것이다.

그러나 고객과 기업이 추구하는 가치가 현저히 다르거나 고객이 기업이나 다른 고객에게 큰 피해를 주는 경우 헤어지는 것이 서로에게 도움이 될 수 있다. 우버나 에어비앤비 같은 회사들은 운전자나 호스트들이 고객을 평가하고 평점을 남길 수 있다. 여러 차례 나쁜 평가를 받은 고객은 서비스 사용이 제한되거나 불이익을 받을 수 있다.

비록 고객과 헤어질 결심을 했더라도 '아름다운 이별'을 해야 한다. 위에서 얘기한 스프린트사의 경우 6개월간의 내부 심사를 통해 퇴출할 고객을 신중하게 결정했다. 그리고는 서비스 정지 한달 이전에 미리 통보하고 마지막 1개월 요금은 면제하고 조기 해지에 따른 벌금도 면제했다. 그리고 다른 회사 가입을 안내해주며 도와주는 등 최대한 정중하게 진행했다.

　살다 보면 인간관계가 가장 어렵다고 한다. 좋은 사람을 만나는 것은 복이다. 이상한 사람을 만나지 않는 것도 복이다. 그러나 어쩔 수 없이 이상한 사람을 만났을 때는 제대로 대처하는 것이 중요하다. 기업과 고객의 관계도 마찬가지다. 기업은 불량고객을 정확하게 파악하고 적절하게 대처해야 한다.

　갑자기 김건모의 노래 두 곡이 떠오른다. '잘못된 만남'과 '아름다운 이별'이.

07

불량고객 대처?
때로는 관리자가 나서야

　고객은 항상 옳은가? 그렇지 않다. 한 연구에 의하면 콜센터 직원들은 매일 약 7명의 불량고객으로부터 모욕적인 언사를 듣고 있다. 그리고 서비스 직원 열 명당 한 명이 고객의 모욕적인 언행에 시달리고 있다. 이런 일이 발생하는 이유는 직원과 고객 간의 관계가 불평등한 상황에서 직원이 항상 고객에게 맞춰 줘야하기 때문이다.

　고객불량행동은 무례하고 적대적이면서 직원을 괴롭히는 고객의 부당한 행위다. 고객불량행동은 직원에게 엄청난 스트레스를 안겨준다. 직원들이 수치심이나 모욕감 같은 부정적 감정을 느끼며 극도로 피곤해지게 된다. 아예 이직을 결심하게 되기도 한다.

감정노동이론emotional labor theory에 의하면, 직원은 회사가 정한 감정 표현 규칙에 따라 행동해야 하다 보니 정서적으로 고갈될 수 있다. 부정적 감정을 억누르느라 에너지를 사용하다 보니 우울해지며 자긍심이 상처를 입는다.

불량고객에 대한 대처를 일선 직원에게만 맡기는 경우가 많다. 이렇게 해서는 불량고객의 만행을 그냥 넘기기 일쑤다. 직원은 감정적 혹은 물리적 피해를 보게 된다. 아무 권한 없는 일선 직원이 불량고객에 능동적으로 대처할 방법이 사실상 없다. 이 때문에 불량고객 대처에는 일정 수준의 권한과 책임을 가지고 있는 관리자가 필요하다. 관리자는 직원이 불량고객으로 인해 겪는 스트레스를 이해하고, 때에 따라 중재intervention해야 한다. 관리자가 적절히 중재해 주면 직원의 만족도와 충성도가 증진된다. 이런 중재가 없는 경우 직원은 부당하다고 느낄 수 있다.

그렇다면 관리자는 어떠한 중재 노력을 해야 할까? 우선, 관리자는 평소 직원과 친밀한 관계를 형성하고 상담, 지도, 격려 등의 사회적 지원social support을 제공해야 한다. 사회적 지원을 받은 직원은 고객불량행동에 성공적으로 대처할 수 있게 된다. 관리자가 어려움을 겪는 직원을 존중하고 진심으로 공감해주면, 직원은 효과적으로 스트레스를 극복할 수 있다. 따라서 관리자의 공감능력과 감성지능을 개발할 필요가 있다.

이와 더불어 관리자는 의사결정과정에 직원을 참여시켜야 한다. 불량고객에 대한 대응을 결정할 때 직원에게 자신의 견해를 피력할 기회를 주는 것이다. 관리자는 직원이 들려주는 생생한 이야기를 듣고 어떻게 대처해야 할지를 구상할 수 있다. 직원은 대응전략을 함께 만드는 경험을 얻을 수 있다. 동기-위생 이론motivation-hygiene theory에 의하면, 직원은 의사결정에 참여함으로써 자아실현, 성과 달성, 독립과 같은 상위 욕구를 충족하고 자신의 직무에 대해 만족하게 된다. 공정성 이론equity theory에 의하면, 직원은 자신의 의견이 의사결정에 영향을 미친다는데 보람을 느끼며 그 과정에서 강한 소속감을 가지게 된다.

또한, 관리자는 직원을 믿고 권한을 위임해야 한다. '모든 상황에서 자신의 판단을 믿고 진행하라.' 노드스트롬Nordstrom 백화점의 원칙이다. 이처럼 직원에게 고객불량행동과 같은 문제를 해결할 권한을 부여하는 것이다. 직원이 권한을 갖게 되면 스트레스를 받는 상황을 통제할 수 있게 된다. 그리고 스스로 스트레스를 완화할 수 있다. 게다가 권한을 받은 직원은 자신이 처한 상황에 대해 책임감을 가지고 문제해결을 위해 적극 노력할 것이다.

이 밖에도 관리자는 일선 직원이 겪는 스트레스 수준에 상응하는 보상을 제공해야 한다. 노력-보상 불균형 이론effort-reward imbalance theory에 의하면 직원이 상당한 노력을 기울였는데도 불구하고 보상 수준이 낮으면 비용 대비 편익이 낮다고 인식하며 스트레스를 겪게 된다. 매일 무례한 손님을 맞이해야 하는데 봉급은 쥐꼬리만 하고 승진 가능성도 낮다면 노력과 보상이 불균형하다고 느끼지 않겠는가? 따라서 직원의 노력이나 스트레스에 걸맞은 보상을 제공함으로써 일할 맛 나는 업무 환경을 만들어야 한다.

앞에서 살펴본 여러 방안에 기초하여 실질적인 중재 방안을 구상해보자. 우선, 단시간에 중재 효과를 보기 위해서는 관리자에게 책임을 부여해야 한다. 관리자의 직무에 직원의 업무 스트레스에 대한 중재 역할을 명시해야 한다. 관리자가 직원을 위해 중재 노력을 제대로 했는지에 따라 업무 평가, 승진, 급여가 달라져야 한다. 관리자의 역량을 강화하기 위해 역할 연기, 비디오 촬영, 현장 조사와 같은 방법을 도입해볼 수 있다. 적절한 지식과 기술을 갖춘 관리자가 직원의 문제 해결에 도움이 될 수 있다.

나아가, 관리자에게 막중한 책임에 걸맞은 권한도 부여해야 한다. 관리자가 여유가 있어야 평소 직원들과 가까운 관계를 유지하고 사회적 지원을 제공할 수 있다. 관리자는 일선 직원들이 겪는 스트레스 수준에 상응하는 보상을 제공할 수 있는 권한이 있어야 한다. 무형의 보상으로 직원들을 인정해주고 공적 자리에서 칭찬하는 한편, 유형의 보상으로 보너스를 지급하거나 승진을 시켜주면 직원들의 사기가 진작될 것이다.

경영진은 관리자만 몰아세울 것이 아니라 직원들에게도 적절한 교육을 제공해야 한다. 불량고객이 발생했을 때 초기 대응이 중요하다. 초기 대응을 잘못해 문제가 확대되는 경우가 흔히 발생하기 때문이다. 초기 대응은 어떻게 할지, 표준적 대응 절차는 어떻게 되는지, 대응 책임은 어느 선에서 지게 될 지 등을 정리해 지침으로 만들고 사내에 전파시켜야 한다. 불량고객에 대한 대응 지침은 단호하고 명확해야 한다. 그래야 직원들이 회사의 지침을 믿고 고객을 대할 수 있다. 그리고 도움이 필요한 경우 불량고객 유형별로 적절히 응대할 수 있는 숙련된 전문가나 관리자의 중재를 요청할 수 있게 해야 한다. 그렇지 않으면 직원은 불량 고객을 응대하는 일이 자신의 의무나 능력을 벗어난다고 판단하여 결국 직장을 등질 수 있다.

불량고객에 대응하는 것은 감기와 비슷하다. 직원 만족도는 몸상태, 감기약은 관리자의 중재로 볼 수 있다. 감기약을 먹고 일정 시간이 지나면 몸 상태는 좋아진다. 그러나 좋은 몸 상태를 유지하는 가장 효과적인 방법은 감기를 예방하는 것이다. 직원을 위한 최고의 중재는 불량행동을 미연에 방지하는 것이다. 예컨대 불량행동에 대해 경고하는 메시지를 현장에 게시하거나, 법적 조처를 할 수 있음을 웹 페이지에 공지할 수 있다. 불량고객의 리스트를 작성해 모든 구성원이 공유하고 활용하면 애초에 불량고객을 피할 수 있다. 회원제 서비스의 경우 기존 회원들의 추천을 받아 신규 회원을 받는 것도 방법이다. 이런 예방 조처가 활성화되면 '소 잃고 외양간 고치기' 상황을 막을 수 있을 것이다.

서비스 비중이 전체 산업의 70%에 달하는 오늘날, 불량고객이 성행하는 것이 어찌 보면 놀라운 일이 아니다. 그렇다고 해서 일선 직원들이 모든 부담을 져야 한다면 장차 접점에서 웃으며 일하는 직원들이 모두 사라질지도 모른다.

따라서 관리자는 불량고객을 응대해야 하는 직원들을 어떻게 하면 효과적으로 지원해줄 수 있을지 끊임없이 고민해야 한다. 내부 직원들을 보호하기 위해서만이 아니다. 최종적으로 일반 고객들에게 좋은 서비스가 집중되도록 하기 위해서다. 불량고객 대처. 때로는 관리자가 나서야 한다.

고객에 대한
모든 생각

**고객의
탄생**

3

인재

보통 사람을 모아 놓으면 인재(人在)요.
똑똑한 사람을 모아 놓으면 인재(人材)요.
이를 잘 관리하면 인재(人財)가 되지만,
잘못 관리하면 인재(人災)가 된다.

01

맹구를
찾아내라

개인 병원을 운영하는 의사 후배가 오랜만에 연락을 했다. 자기는 경영 마인드를 가지고 나름 열심히 하는데, 병원은 갈수록 환자가 줄어들고 상황이 어렵다는 것이다. 한 번 방문해 문제가 무엇인지 한 수 지도해 달라는 것이다. 손사래를 치며 극구 거절했지만 간곡하게 부탁하는 바람에 어쩔 수 없이 그 병원을 방문했다.

의사와 간호사는 친절했다. 내부 시설도 깨끗하고. 그런데 의외의 곳에서 문제가 보였다. 병원이 입주한 건물의 주차관리원이 특별한 재주가 있는 것이었다. 방문객으로 하여금 다시는 오고 싶지 않게 만드는 재주다. 무엇이 문제인가를 딱 꼬집어 말하기는 애매한데 은근히 상대방을 기분 나쁘게 만드는 기술(?)이다. 왕따

보다 은따가 더 기분 나쁘다고 하지 않던가?

생각해 보면 주차관리원 입장에서는 방문객이 많으면 귀찮을 수 있겠다. 기계식 주차장이니 차를 넣고 빼는 것을 계속 도와줘야 하니까. 그럼 재미있는 유튜브를 시청하는데 방해가 되겠지. 그의 입장에서는 방문객 수를 적절하게 줄이는 것이 슬기로운 행동일 수도 있으리라. 그래서 그런 디마케팅demarketing 기술을 습득했을까? 그런데 주차는 방문객의 첫인상과 마지막 인상을 좌우하는 매우 중요한 경험이다.

후배에게 주차관리원 태도에 문제가 있다고 지적했다. 그랬더니 그는 화들짝 놀라며 말한다. '아니 그럴 리가요. 그 분 정말 예의 바르고 깍듯한데요.'

문득 구맹주산狗猛酒酸이라는 고사가 떠오른다. 송나라에 술 장사꾼이 있었다. 술 빚는 재주가 좋고 친절하며 정직하게 장사를 하는데도 술이 잘 팔리지 않았다. 술도가임을 알리는 깃발을 높이 걸었지만 술은 팔리지 않고 시어 버리는 것이었다. 이를 이상하게 여긴 그가 동네 어른을 찾아가 이유를 묻자 의외의 답이 나왔다. "당신네 개가 너무 사나워 술심부름 오던 아이들을 모두 쫓아 버린다."는 것이다.

이런 맹구猛狗 즉 사나운 개는 어디든지 존재한다. 그런데 흥미로운 사실은 맹구가 자기 밥그릇을 챙겨주는 주인에게는 지극정성으로 잘 한다는 것이다. 아마도 주차관리원이 후배에게는 무척 잘 했나 보다. 그렇게 좋게 보고 있으니. 송나라 술 장사꾼도 아마 놀랐을 것이다. 자기에게는 꼬리치며 귀엽게 구는 개가 그렇게 무섭게 변할지 몰랐을 것이다.

맹구猛狗는 맹주盲主를 만든다

맹구猛狗는 이처럼 주인의 눈을 멀게 해 맹주盲主를 만든다. 자기 밥그릇만 챙기는 사람들에 둘러싸여 있는 사람은 눈과 귀가 멀게 된다. 사람은 자신의 경험을 바탕으로 타인을 평가한다. 그래서 내게 극진히 잘 하면 좋은 사람이라고 생각한다. 그러다 보니 상황을 객관적으로 판단하지 못하는 것이다.

어느 조직이나 맹구는 있는 법. 식당 사장이 믿고 카운터를 맡긴 친척이 고객이나 다른 직원을 함부로 대할 수 있다. 또는 사장의 일거일동을 파악하고 많은 시간을 함께 보내는 운전기사가 마치 자신이 사장인 것처럼 횡포를 부릴 수 있다. 이런 현상은 정치권에서도 종종 발생한다. 지도자가 자기가 아끼는 사람이나 가까운 사람만을 쓰면 안 된다. 듣기 좋은 말 하는 사람들에게 둘러싸여 있으면 정작 세상 돌아가는 판세나 국민의 마음을 헤아리지 못하기 때문이다.

　고객에게 최고의 경험을 제공하려면 조직에 존재하는 맹구를 찾아내야 한다. 눈과 귀를 활짝 열고 주위를 살펴보라. 맹구를 찾아내라. 그리고 그의 태도와 행동을 바꿔라. 맹구의 사나운 짓을 통제하는 시스템을 만들어라. 그래도 정 안되면 맹구를 제거하라.

　혹시 맹구를 찾지 못했는가? 그렇다면 한 번 자신을 돌아보라. 혹시 내가 맹구는 아닌지.

02

일선 직원 확보의
악순환

　대다수 기업이 충분한 교육훈련 없이 일선 직원을 활용한다. 교육훈련을 하더라도 대상이 주로 본사 직원들이다. 안내데스크, 매장, 고객센터 등 일선에서 고객을 대하는 직원들은 소홀히 하는 경향이 있다. 충분한 교육훈련 없이 직원들을 활용하다 보니 일선 업무를 단순하게 설계한다. 이처럼 단순 업무를 맡기면 직원의 실수는 줄일 수 있을 것이다. 그러나 예상치 못한 문제가 발생했을 때 직원이 이에 대처할 능력은 갖추지 못하게 된다.

　단순 업무를 반복적으로 수행하다 보면 직원의 사기는 저하된다. '내가 이런 일이나 하려고 그렇게 고생하며 여기 왔나'라는 의문이 드는 순간, 업무에 대한 긍지나 열의는 사라진다. 흥미를 잃고 이직하는 직원들이 나오게 된다. 다른 업종으로 가는 것은 물론이고 심지어 동일 업종의 경쟁사로 이동하게 된다. 그런데 이렇게 이직하는 직원은 어떤 사람들일까? 능력이 있는 사람들이다. 자신이 원하면 다른 곳에 갈 수 있는 사람들이다.

일선 업무가 재미없는데도 불구하고 일을 잘하고 좋은 성과를 내는 직원은 어떻게 될까? 이런 직원은 회사에서 인정을 받고 승진해 고객과의 접촉이 적은 기획이나 지원 등 후방 부서로 이동하게 된다. 다른 부서에서 스카우트해 가는 경우도 많다.

그러면 고객을 대하는 일선에는 어떤 직원이 남게 될까? 입사한 지 얼마 안 되어 미숙한 직원, 경험은 있으나 능력이 없는 직원, 일이 재미가 없어 다른 곳에 가고 싶지만 갈 수 없는 직원, 이런 사람들이 남게 된다. 자기 업무에 대해 불만을 품은 채로.

그런데 사람의 감정은 전염된다. 일선 직원이 불만을 품으면 그 감정이 고객에게 고스란히 전달된다. 당연히 고객이 체감하는 경험이 나빠진다. 기업의 매출이나 이익은 낮아질 수밖에 없다.

결국 직원에게 제공할 수 있는 임금이 낮아지고 좋은 인력을 확보하기는 더 어렵게 된다. 이직한 직원들의 자리를 채워야하기 때문에 직원 채용에 많은 시간이나 노력을 들일 수도 없다. 이렇게 채용한 직원들에 대해 교육훈련도 제대로 못하고 바로 빈자리를 채워야 한다.

한 번 정리해보자. 단순 직무를 수행하는 직원이 성과가 우수하면 타 부서가 스카우트하거나 승진을 한다. 다른 직원들은 그 자리에 남아 고객을 응대하며 단순 업무를 수행한다. 이들은 동일한 직무를 낮은 사기와 보상으로 수행하면서, 적대적인 감정을 갖게 되고 표출하게 된다. 이것이 고객과의 관계를 악화시키고 고객 경험을 악화시킨다.

많은 기업에서 발생하는 이런 현상을 '일선 직원 확보의 악순환'이라고 한다. 단순 직무 수행 → 직원 사기 저하와 높은 이직률 → 고객 경험 악화 → 고객 이탈 → 매출과 이익 감소 → 낮은 임금 → 단순 직무 설계 → 채용 노력 최소화 → 훈련 최소화 → 단순 직무 수행의 악순환이다.

게다가 회사의 각 부서에서는 성과가 낮은 직원을 다른 부서로 보내려고 한다. 그러나 그런 직원은 어느 부서도 받지 않으려고 하니 이곳저곳으로 밀리다가 많은 직원들이 꺼리는 업무, 이를테면 안내데스크로 가게 된다. 물론 이 직원은 여러 부서들이 자신을 내친 것을 알고 있다. 이렇게 쌓인 분노나 적대감을 누구에게 풀까? 그 직원은 자신이 대하는 고객에게 적대감을 표출하게 될 것이다. 기업이 낮은 성과를 보이는 직원을 방치한 피해를 고객이 떠안게 되는 것이다. 이런 현상을 비유적으로 표현해 '떠돌이 안내직 증후군shuffling receptionist syndrome'이라고 한다.

여기서 발생하는 몇 가지 위험을 정리해 보자. 그렇게 중요하다고 강조하는 고객 접점을 훈련이 덜 된 신참 직원 손에 맡겨 두는 것이다. 이런 직책에서 훌륭하게 일한 직원은 떠나게 되고 능력이 부족한 직원들만 남는 것이다. 기업은 우수한 직원을 유지하지 못하고 경쟁사에 뺏기는 것이다. 남아 있는 직원들의 사기는 저하되고 그 여파는 고스란히 고객에게 전달된다.

그렇다면 어떻게 고객 접점의 인력을 우수한 인재로 만들고 유지할 수 있을까?

첫째, 일선 직원이 중요한 역할을 담당하고 있다는 사실을 인식시키고 자부심을 부여한다. 누구나 반복적인 업무는 기피하고, 소위 폼 난다고 생각되는 전략수립 업무를 수행하려고 한다. 그러나 고객을 대하는 업무가 지루하다고 해서 소홀히 한다면 아무리 좋은 전략도 의미가 없다. 자신이 조직에 중요한 존재임을 깨달은 직원이 업무 성과도 높고 개인 역량 향상도 빠르다.

둘째, 다양한 인센티브 제도를 강화한다. 예컨대 각 매장에서 추가 달성한 이익을 공유함으로써 주인의식을 강화하고 동기를 부여하는 것이다. 그러나 그런 정책이 형식적으로만 운영되어서는 실효가 없다. 실제로 수혜를 보는 대상이 충분히 나와야 효과가 있을 것이다.

셋째, 접점 인력의 경력관리 프로그램을 수립해 공유하고, 이를 준수하여 접점 인력을 핵심인재로 육성한다. 우수한 성과를 내는 직원을 타 부서가 요청한다고 해도 부서이동을 시키지 말아야 한다. 최초 약속하고 규정한 근무연한에 따라, 핵심역량을 충분히 키우도록 배려해 주는 것이다. 이는 직원들과의 신뢰를 구축하고 회사에 대한 로열티를 강화할 것이다.

넷째, 접점 직원의 애로사항을 적극 청취해 시스템이나 프로세스에 반영한다. 예컨대 업무 특성상 주말 근무나 야간 근무를 하는 부서에 대해서는 휴무나 연차 기간을 타 부서보다 길게 사용하도록 배려해 주는 것이다.

고객 접점, 고객 경험을 좌우하는 결정적 순간이다. 능력 있는 직원에게 맡겨야 하지 않을까?

03

내부마케팅 :
직원을 보는 새로운 시각

A 회사가 최근 중요한 프로젝트를 수주했다. 그 회사를 다니는 직원에게 "축하한다. 좋겠다."고 했더니, 대뜸 돌아오는 답이 "사장이 좋지, 우리가 좋은 게 있나요? 이제 일만 늘어나겠네요."

이래서는 직원들이 함께 회사 걱정을 하고 기쁨을 나누길 기대하기 어렵다.

기업의 성공을 위해서는 고객과 직원 모두 중요하다. 상품을 구입하는 사람만 고객이 아니다. 직원도 고객이다. 상품을 구매하는 고객은 외부고객이고, 직원은 내부고객이다. 직원을 고객으로 보고 직원을 대상으로 하는 마케팅이 내부마케팅이다. 직원에게 동기를 부여하고 일할 맛나게 하는 것이다.

내부마케팅은 경영진이 직원의 역할과 중요성을 인식하는 것부터 시작된다. 사우스웨스트항공 창업주 허브 켈러허는 "직원, 주주, 고객 셋 중에서 직원이 가장 우선시 되어야 한다."고 강조한다. 직원을 드높이고 존중하고 보살피고 보호하면, 만족한 직원이 고객을 세심하게 보살펴 다시 찾게 만들고 궁극적으로 주주에게 도움이 된다는 것이다. "직원, 고객, 지역사회, 공급자, 투자자 순으로 중요하다." 레스토랑 재벌인 대니 마이어의 말이다.

행복한 직원이 행복한 고객을 만든다. 직원이 고객에게 잘 하길 원한다면 우선 직원에게 잘 해야 한다. 직원이 제대로 대우를 받아야 고객에게 최상의 서비스를 제공할 수 있다. "우리는 신사숙녀를 모시는 신사숙녀입니다we are ladies and gentlemen serving ladies and gentlemen." 탁월한 서비스로 명성을 떨치는 리츠칼튼 호텔의 슬로건이다. 직원을 하인처럼 취급하면서 일방적인 희생을 강요하는 '희생양 서비스'는 오래 가지 못한다. 직원이 자신의 일에 긍지를 가지고 지속적으로 수행하는 '화수분 서비스'가 필요하다.

내부마케팅을 위해서는 경영진과 직원들 간의 적극적 소통이 필요하다. 경영진만 말하고 직원들은 위만 쳐다보는 일방적 소통이 아니라 쌍방향 소통이 필요하다. 워라밸을 포기하며 성장해온 경영진은 MZ세대에게도 같은 것을 기대하지만 그들은 전혀 다르게 생각한다. '직원과의 대화' 같은 공식적인 간담회는 흔히 경영진이 생색내는 겉치레 행사 또는 회사 상황을 일방적으로 설명하는 자리로 전락한다. 경영진은 귀와 마음을 열고 직원들의 의견을 경청해야 한다. 직원의 목소리를 이끌어내는 것이 쉽지 않다는 점도 명심하라. 때로는 딱딱한 간담회보다는 차 한 잔을 함께하는 자리가 직원의 마음을 열 수 있다.

소통의 중요성은 애벌린 패러독스Abilene Paradox에서도 드러난다. 경영학자 제리 하비는 무더운 여름 날 에어컨도 없는 낡은 차를 타고 가족들과 애벌린이라는 곳에 식사하러 갔다 온다. 살인적인 더위에 모두 먼지와 땀으로 범벅이 되어 엄청나게 고생하고 식사도 엉망이었다. 그런데 나중에 얘기해 보니 정작 애벌린에 가고 싶었던 사람은 아무도 없었다. 한 사람이 별 생각 없이 "애벌린에 갔다 올까?"라는 말을 던진 것인데, 사람들은 상대방이 원하는 것 같다는 생각으로 그냥 따라간 것이다.

이런 어처구니없는 일이 조직에서도 흔히 발생한다. 최고경영자가 무심코 던진 한 마디에 회사의 전략이나 방침이 바뀌기도 한다. 그러기에 어느 조직이든 리더는 말을 조심해야 한다. 구성원들이 고개를 끄덕인다고 해서 모두 동의한다고 착각해도 안 된다. 그리고 구성원들이 속마음을 털어 놓을 수 있는 분위기를 조성해야 한다.

직원들에게 상품의 가치를 알리고 인정받는 것이 중요하다. 글로벌 CRM 기업 세일즈포스Salesforce의 경우 직원들 대부분이 좋은 상품과 첨단 기술력을 가지고 있다고 자부하고 있다. 자신이 다니는 회사를 자랑스럽게 생각하는 것은 물론이다. 고객과 기업이 만나는 시장이 존재하듯이 기업 내부에도 시장이 존재한다. 대부분 상품은 회사 내에서 먼저 경험된 후 시장으로 나가므로, 내부 시장은 1차 시장이다. 직원들이 자사 상품의 가치를 이해해야 그 가치를 효과적으로 알릴 수 있다. 마케팅 캠페인에서 약속하는 것을 직원들이 믿지 않는다면, 그 상품의 가치를 느끼지 못할 것이다. 100% 확신해도 남을 설득하기 어려운 법이다. 그런데 자기도 확신이 없는 직원이 과연 고객을 설득할 수 있을까?

직원만족 없이 고객만족은 없다. "신바람 나지 않는 직원은 결코 고객에게 좋은 서비스를 제공할 수 없다." 에버랜드와 호텔신라의 대표를 역임하며 고객만족 전도사로 불리던 허태학 사장의 말이다. 도요타자동차는 직원만족이 고객만족의 전제라고 강조한다. 직원들이 일을 하면서 재미와 흥미를 느끼고 스스로 만족할 수 있도록 내재적 동기를 부여해야 한다. 고객만족을 일방적으로 강요해 직원이 불만을 느낀다면 진정한 고객만족은 불가능하다.

미국 슈퍼마켓 체인 세이프웨이Safeway는 슈페리어 서비스라는 프로그램을 실시한 적이 있다. 직원의 행동 강령으로 고객과 눈을 맞추고 미소를 지으며 기회가 될 때마다 고객 이름을 부르게 했다. 그리고는 미스터리 쇼퍼로 평가해 위반사례가 적발되면 8시간 교육을 받게 했다. 세 번 적발되면 해고하는 삼진아웃제도 실시했다. 그런데 이 프로그램이 직원들에게 엄청난 스트레스를 유발했다. 게다가 직원의 눈 맞춤과 미소를 자신에 대한 호감이라고 착각한 남성 고객들의 성희롱도 끊임없이 발생했다. 결국 직원의 사기는 폭락하고 파업으로 이어지며 회사는 큰 손실을 보게 된다. 제도의 근본 취지를 직원들에게 제대로 이해시키며 공감을 얻지 않고 단순히 특정 행동을 강요한 결과다.

직원 만족도 조사를 통해 업무 환경을 개선하는 것도 중요하다. 직원들이 원하는 것을 모두 반영할 수는 없지만 작은 것이라도 개선할 때 직원들의 공감을 얻을 수 있다. 최근 SNS 상의 언어적 표현 등을 AI로 분석해 직원의 스트레스 및 만족도 변화를 파악하고 선제적으로 대응하는 기업들이 많아지고 있다. 직원경험 employee experience : EX을 체계적으로 관리해 궁극적으로 고객경험 customer experience : CX을 극대화하겠다는 노력이다.

한국은 2019년 '3050클럽' 조건에 해당되는 일곱 번째 국가가 되었다. 3050클럽은 1인 국민소득이 3만 달러 이상이고 인구가 5천만 명 이상인 국가다. 그러나 국민 개개인의 행복과 삶의 질은 최하위권이다. 일하기 좋은 직장을 만들어 직원 스스로 일에 몰입할 수 있는 환경을 만들어 줘야 한다. 그런 자발적 몰입이 직원 행복으로 이어지고 고객 행복으로 연결될 것이다.

"직원이 회사를 사랑하지 않으면 결코 고객도 회사를 사랑하지 않는다." 리더십 전문가인 사이먼 사이넥의 말이다. 에어비앤비는 사무실에 인기 숙소를 재현해 여행처럼 즐거운 근무환경을 제공한다. 직원들의 여행 욕구를 자극하고 상품에 대해 더 잘 이해하고 영감을 얻게 하는 것이다.

직원들이 가치 있고 의미 있는 일을 하고 있다고 느끼도록 하는 것도 중요하다. 자전거 헬멧 회사 지로$_{Giro}$는 고객이 보낸 사연을 직원들과 공유했다. "끔찍한 사고가 될 뻔 했는데 제 머리 대신에 헬멧이 산산조각 났습니다. 여러분, 감사합니다." 직원들이 단순히 헬멧을 파는 게 아니라 인명구조라는 가치 있는 일을 한다는 자부심을 갖게 한 것이다.

세일즈포스사는 회사의 자본, 제품, 직원 근무시간의 1%를 사회에 기여하는 1-1-1 모델을 운영하며 사회적 가치 창출을 강조한다. 이처럼 우리 회사가 고객을 이롭게 하면서 인류사회에 공헌하고 있다는 것을 깨달을 때 직원은 보람을 느낀다.

직원들이 회사의 주인이라는 자부심을 가지고 행동하길 원하는가? 직원들의 주인정신을 원한다면 이에 걸맞게 대해줘라. 직원들이 주인의식이 없다면 이것은 경영자의 탓이다. 회사가 고객을 핵심가치로 내세운다면 외부고객만을 강조할 것이 아니라 내부

고객인 직원도 존중해야 한다.

직원 행복을 위한 내부마케팅, 고객 행복과 기업 성장을 위한 출발점이다.

04

신입사원에 '퇴사보너스'까지… 인재人材 확보 경쟁

기업과 업무에 적합한 인재를 확보하는 것은 매우 중요하다. 구글 CEO 에릭 슈미트는 "뛰어난 지원자를 발견했을 때만 채용하라."고 말한다. 비록 자리가 비어 있어도 기준에 부합되지 않으면 뽑지 않는다는 것이다.

넷플릭스 최고인재책임자Chief Talent Officer : CTO로 14년간 일한 패티 맥코드Patty McCord는 인재 확보의 중요성을 다음과 같이 역설했다. "회사가 직원에게 해줄 수 있는 최고의 보상은 탁월한 동료와 함께 일하도록 해주는 것이다."

그녀는 직원들과의 대화를 통해 이런 사실을 확인했다. 직원 한 명을 잘못 뽑으면 다른 직원의 업무 부담이 늘어나고 팀 분위기가 망가지며 성과가 낮아진다. 그렇게 되면 유능한 직원이 낮아진 팀 성과에 불만을 품고 회사를 떠날 수 있다.

"기업이 신입사원 한 사람을 채용하는데 40분밖에 투자하지 않는다면, 그 사람의 잘못을 바로잡기 위한 교육은 400시간이 걸린다." 피터 드러커의 말이다.

특히 고용 유연성이 떨어지는 우리나라의 경우 업무에 적합하지 않은 사람을 채용하면 회사나 직원에게 부담이 될 수 있다. 사우스웨스트항공은 조직에 적합한 사람을 채용하기 위해 많은 노력을 하며 엄격한 선발 절차를 밟는다. 보통 전화 면접, 집단 면접, 세 번의 현업 담당자 면접을 진행한다. 그리고 면접관 전원이 합의해야 최종 선발한다.

"태도를 보고 채용하라. 기술은 익히면 된다Hire for attitude, train for skill." 디즈니의 채용 정책이다. 업무를 수행하는 기술은 가르칠 수 있다. 그러나 올바른 태도를 갖게 하는 것은 채용부터 시작해야 한다. 기술이나 능력은 교육을 통해 향상시킬 수 있지만, 태도나 성품은 교육으로 바꾸기 어렵기 때문이다. 사우스웨스트항공 창업자 허브 켈러허 회장도 기술은 가르칠 수 있으나 태도는 가르칠 수 없다고 본다. 따라서 직원을 선발할 때 기술보다는 태도, 인성, 가치를 중요하게 본다. 에어비앤비는 지원자가 기술 면접을 통과해도 기업의 핵심가치에 맞지 않으면 적합하지 않다고 본다.

애플 CEO 팀 쿡은 2017년 MIT 졸업식 축사에서 이렇게 말했다. "나는 인간처럼 생각하는 능력을 지닌 컴퓨터나 AI를 걱정하지 않는다. 내가 오히려 더 걱정하는 것은 컴퓨터처럼 생각하는 사람들이다." 기술 혁명을 주도하며 실리콘밸리를 이끄는 테크기업의 CEO도 인간의 성향이나 특성을 나타내는 인성의 중요성을 강조한 것이다.

직원의 적합성을 평가할 때 감성역량도 중요하다. 감성역량이란 자신이나 다른 사람의 감성을 인지하고 이해하며 이를 조절하고 표현할 수 있는 능력이다. 콜만Coleman의 연구에 의하면 업무에서의 성공요소로 지능지수Intelligence Quotient : IQ는 20%, 감성지수Emotional Quotient : EQ가 80%를 차지했다. 게다가 위기상황일수록 감성역량이 높은 직원이 우수한 성과를 보였다. 흥미로운 사실은 개인뿐만 아니라 조직의 감성역량도 성과에 기여하는 것으로 나타났다.

"우리는 감성적 능력과 기술적 능력을 51% 대 49%로 갖춘 직원을 원한다." 유명한 레스토랑 사업가 대니 마이어Danny Meyer의 말이다. 사우스웨스트항공의 경우 즐겁게 일하는 사람을 고용하며 유머감각도 중요하게 여긴다.

인터넷 신발 쇼핑몰 자포스Zappos는 업무 기술을 보는 1차 면접과, 기업문화에 대한 적성 검사인 2차 면접을 통해 직원을 선발한다. 이 두 종류의 면접 중에서 더 중요한 것은 2차 면접이다. 지원자가 아무리 뛰어난 기술을 갖추었더라도, 자포스 문화에 맞지 않다고 판단되면 자포스인이 될 수 없다. 예를 들어 "회사 밖에서 동료와 만난 적이 있나요?"라는 질문에 "아니오"라고 답한 사람은 자포스 핵심가치인 '확고한 팀워크와 가족애'를 지닌 인재가 아니다. 그래서 해당 지원자는 회사에 부적합하다는 평가를 받게 된다.

이렇게 까다롭게 직원을 선발하지만, 선발된 직원이 자포스 문화에 적응하지 못하거나 그저 돈 때문에 일하는 것을 대비해 기발한 제도를 도입했다. 신입사원이 교육 중 퇴사를 원하는 경우 '퇴사 보너스'를 지급하는 것이다. 적합한 인재를 유치해 함께 기업문화를 만들어 나가겠다는 의지를 극명히 보여준다. 또한, 자포스 문화에 맞는 인재를 확보하기 위해 본사도 샌프란시스코에서 라스베이거스로 이전했다. 서비스에 대한 열정과 자부심을 가진 인재를 유치하겠다는 일념으로 그런 인적자원이 풍부한 곳으로 이전한 것이다.

"채용은 건초더미에서 바늘을 찾는 것만큼 어려운 일이다." 애플 창업자 스티브 잡스의 말이다. 기업은 인재를 선발하기 위해 흔히 면접을 실시한다. 그런데 몇 가지 면접 질문으로 지원자의 능력과 성품을 평가하는 것은 생각보다 쉽지 않다. 지원자들이 자신을 과대포장하고 나름 추측해 면접자가 원하는 답을 하는 경향이 있기 때문이다. 경험이 풍부한 면접자들조차 이런 것을 정확하게 평가하지 못한다. 따라서 기업들은 일반적 면접 이외에도 다양한 방식을 활용한다. 그 중 몇 가지를 살펴보자.

첫째, 지원자의 행동을 관찰하는 것이다. 행동은 행동 모의 면접이나 평가 센터(다수의 평가자가 업무 역량을 파악할 수 있는 여러 과제를 이용하여 개인의 역량을 종합적으로 평가하는 기법)를 통해서 직·간접적으로 관찰할 수 있다. 지원자의 말뿐만이 아니라 과거 행동까지 살피는 것이 도움이 된다. 각종 이력, 수상 실적, 추천서의 구체적 내용, 전직 동료들의 평가 등이 단서가 될 수 있다.

평가 센터의 예로 구글은 매년 코드잼Code Jam이라는 세계적인 프로그래밍 대회를 개최한다. 복잡한 알고리즘 문제를 제한된 시간에 해결하는 능력을 겨루는 대회로 토너먼트 방식으로 진행된다. 참가자들의 창의적인 문제해결 행동을 관찰하며 뛰어난 인재를 적극적으로 발굴하려는 구글의 의지가 담겨 있다.

둘째, 적성 검사를 활용한다. 적성 검사는 직무와 관련된 지원자의 특성들을 파악하는데 도움이 된다. 적성 검사는 특히 부적절한 지원자를 걸러내는데 유용하다.

셋째, 직무의 실상을 미리 알린다. 지원자가 실제 직무를 정확하게 파악할 수 있게 하는 것이다. 직무를 실제로 체험하며 자신에게 잘 맞는지 판단할 수 있는 기회를 주어야 한다. 한편 지원자들이 실제 직무에 어떻게 반응하는지를 관찰할 수도 있다. 이런 과정에서 일부 지원자들은 그 직무가 자신에게는 잘 맞지 않다고 판단해 입사 지원을 취소할 수 있다.

프랑스 우편서비스 회사, 포마포스트Formapost는 신입 직원들의 많은 퇴사로 골치를 앓고 있었다. 회사 업무에 차질이 있음은 물론이고 많은 비용을 유발하고 있었다. 고심하던 회사는 지원자들이 업무를 실제로 체험할 수 있는 1주 프로그램을 게임 형식으로 도입했다. 그 결과 신입 직원들의 퇴사를 현격히 줄이는데 성공했다.

넷째, 인공지능을 활용한다. IBM은 인공지능 왓슨을 이용해 수백만 명의 지원자 중에서 회사가 원하는 면접 대상자를 1분 이내에 추려낸다. 게다가 인공지능 면접관은 지원자가 페이스북, 트위터, 인스타그램 등 SNS에 남긴 자료를 분석한다. 성격, 친화력, 스타일까지 분석해 직원 채용에 걸리는 시간을 절반 이상 줄였다. 소프트뱅크Softbank도 왓슨을 도입해 서류 심사에 드는 시간을 획기적으로 줄이고 로봇 페퍼를 면접관으로 투입했다. 인공지능 면접관은 지원자의 답변만이 아니라 표정, 목소리, 말투 등도 평가한다.

인공지능의 장점은 효율성과 객관성이다. 신속하고 효율적인 의사결정은 시간과 비용을 줄여 준다. 그리고 지원자에게 아무 편견도 갖지 않고 일관성 있는 잣대를 적용하기 때문에 공정성에 대한 논란의 여지가 적다. 물론 인공지능이 인성이나 역량을 제대로 평가할 수 있는가에 대해서는 아직 이견이 존재한다. 또 어떤 데이터를 학습시키는가에 따라 인공지능도 편향적인 결과를 가져 올 수 있다.

모든 조직이 인재를 확보하기 위해 치열하게 노력하고 있다. 그렇지만 인재의 의미는 다음과 같이 다양하다.

보통 사람을 모아 놓으면 인재(人在)요.

똑똑한 사람을 모아 놓으면 인재(人材)요.

이를 잘 관리하면 인재(人財)가 되지만,

잘못 관리하면 인재(人災)가 된다.

진지하게 생각해 보자. 우리 조직은 어떤 인재를 뽑고 있나? 나는 어떤 인재일까?

05

끝없는 교육훈련,
임직원 모두의 몫

잭 웰치가 GE 연수원 재건 공사 예산안에 사인할 때 이야기다. 그 투자를 얼마나 오랫동안 회수할 수 있겠냐는 항목에 '무한 Infinite'이라고 써넣었다. 잭 웰치는 GE가 '세계에서 가장 위대한 인재개발회사'라고 자부했다. 그는 휴가가 있는 한 달만 빼고 매월 연수원을 찾아 기업 가치를 역설했다. GE 경영진은 전체 시간의 30%를 인재를 발굴하고 리더로 키우는데 사용한다.

초일류기업일수록 인재 육성에 몰두한다. 기업이 지속적으로 성장하기 위해서는 직원들의 마인드와 역량을 개발하는 것이 중요하다는 확신이 있기 때문이다.

신입 직원에 대해서는 강력한 오리엔테이션을 해주는 것이 중요하다. 오리엔테이션에서는 실무 지식만이 아니라 업의 개념과 가치, 사명감을 심어주는 것이 필요하다. 가능하면 고위 경영진이 해주는 것이 이상적이다. 홀스트 슐츠Horst Schulze는 리츠칼튼 회장으로 재직하는 동안 새로운 호텔을 개장할 때마다 오리엔테이션에 참석해 기업 가치와 직원의 중요성을 설파했다.

교육과 훈련은 지속적으로 이루어져야 한다. 교육은 모르는 것을 가르치는 것이고, 훈련은 아는 내용을 되풀이하여 익히게 하는 것이다. 기업의 전략이나 자신의 중요성에 대한 직원의 이해가 부족한 경우가 종종 있다. 즉 전략적 사고나 운영수준에서의 노하우가 부족한 것이 현실이다. 한편으로는 태도가 문제일 수 있다. 직원의 무관심하거나 부정적인 태도는 바뀌어야 한다.

교육훈련은 조직을 혁신적으로 바꾸는데 유효한 방법이다. 스칸디나비아항공SAS은 조직 재활성화 노력의 일환으로 2만 명 이상 직원의 교육을 실시했다. 영국항공British Airways도 3만7천 명 이상 직원의 교육을 실시했다. 특히 견습생을 대상으로 12개월에 걸쳐 집중적 수습 제도를 실시하고 있다. 글로벌 러닝 아카데미는 전문 항공사 교육을 제공하면서 직원들에게 향상된 기술과 전문 자격 요건을 제공한다.

교육훈련은 기업의 위기 상황에서도 중요하다. 2007년 스타벅스는 경영위기에 봉착하게 된다. 컨슈머리포트의 블라인드 시음

테스트 결과 맥도날드 커피와 스타벅스 커피를 맛본 많은 평가자들이 맥도날드를 선택한 것이다. 이런 결과가 나오자 스타벅스의 주가는 42% 폭락했다. 맥도날드는 기세를 몰아 그 다음해 1만4천여 개 맥도날드에 맥카페McCafe를 출범시켰다. 그리고 "4달러짜리 커피를 마시는 것은 바보짓이다four bucks is dumb"라는 광고로 스타벅스를 공략했다.

이런 위기에 하워드 슐츠가 스타벅스 회장으로 복귀했다. 그는 2008년 2월 26일 3시간 30분 동안 미국 전역의 7천 개 매장을 닫았다. 그리고 13만 5천 명의 바리스타에게 에스프레소 추출 방법과 서비스 개선을 교육하는 '에스프레소 엑설런스 트레이닝'을 실시했다. 모든 매장을 닫으며 600만 달러 매출을 포기한 것이다. 이렇게 대대적으로 진행한 '초심으로 돌아가자'는 노력으로 쓰러져가던 스타벅스는 창사 이래 최고 매출을 기록하며 재기했다.

최근에는 가상현실virtual reality : VR 혹은 증강현실augmented reality : AR 기술도 교육훈련에 유용하게 활용된다. 항공사에서는 조종사의 기초 훈련만이 아니라 한 기종에서 다른 기종으로 바꾸는 훈련에서도 증강현실을 적용한 시뮬레이터를 사용한다. 훈련을 위해 비행기를 사용하는데 들어가는 비용도 크지만 훈련 중 실수로 발생할 수 있는 사고를 고려하면 증강현실이 매우 유용하다. 의료 분야와 같이 정밀한 기술이 요구되는 분야에서도 가상현실이 효과적이다. 가상현실을 사용해 다양한 상황에서의 수술과 처치 방법을 실습할 수 있기 때문이다.

　직원 교육과 관련해 중요한 점은 경영진도 교육을 받아야 한다는 것이다. 경영진이 직원들이 무엇을 배웠는지 관심이 없는 경우가 많다. 직원들이 배운 것을 어떻게 실무에 적용하는가에 대해서는 더더욱 관심이 없다. 그리고 직원들은 자신들이 배운 내용을 경영진이 전혀 이해하지 못한다는 사실을 깨닫게 된다. 이런 경우 교육을 통해 얻은 지식은 무용지물이 되어버린다. 경영진이 교육 내용을 이해해야 직원들과 소통할 수 있고 직원들이 새로운 아이디어를 업무에 적용하는 것을 지원할 수 있다.

　많은 직원들에게 교육 기회를 주는 것이 회사 전체의 성과를 향상시키는데 필요하다. 종종 좋은 평가를 받은 직원들에게만 교육 기회를 주는 경향이 있다. 물론 업무를 잘하고 있는 직원들에게 혜택을 주는 것이 당연할 수 있다. 그렇지만 소외되는 직원들은 계속해서 낙오하고 역량을 향상시킬 계기조차 얻지 못하게 된다. 또한, 교육 기회에서 배제된 직원들은 상대적 박탈감을 느끼고 다른 직원의 성과 창출 행위를 은연 중 방해하거나 협조하지 않을 수 있다.

　교육훈련은 경영진과 직원 간 또는 동료 간 소통의 장으로 활용할 수 있다. 사우스웨스트항공은 신입 직원이나 재직 중인 직원 모두에게 다양한 교육훈련 프로그램을 제공한다. 고객 서비스, 팀워크, 리더십 등이 주요 내용으로 교육을 100% 내부에서 진행한다.

경영진이 교육을 실시할 때는 구성원 스스로 새로운 생각과 행동을 선택하도록 해야 한다. 오늘날 직원들은 일방적으로 변화를 강요하고 지시하는 리더보다는 자기 성장에 도움을 주는 리더를 원한다. "인간은 변화를 거부하기보다는 변화 당하는 것을 거부한다." 할리데이비슨 회장이었던 리치 티어링크_{Rich Teerlink}의 말이다. 아무리 좋은 것이라도 강요를 받는다고 생각하면 거부감이 생기는 법이다. 구성원이 스스로 변화를 선택하며 성장하도록 해야 한다. 그리고 리더의 말보다는 인격과 행동이 더 큰 영향을 미친다는 사실도 기억하자.

흔히 교육을 직원만의 몫으로 돌리는 경영진이 있다. 그러나 이 것은 경영진의 직무유기다. 기업이 지속적으로 성장하려면 경영진의 역량 개발도 필수적이다. 직원과 경영진이 하나가 되어야 지속가능한 성과를 낼 수 있다.

명심하자. 끝없는 교육훈련, 임직원 모두의 몫이다.

06

직원에게 힘을 실어 줘라
: 임파워먼트

"우리 직원은 주인의식이 없어 큰일이야." 주위에서 흔히 듣는 말이다. 그러나 생각해 보자. 우리 회사는 직원에게 주인의식을 가질 수 있는 권한을 부여했는가?

임파워먼트_{empowerment}는 직원에게 자발적으로 일을 계획하고 실천할 수 있도록 힘을 실어 주고 키워 주는 것이다. 즉 직원의 기를 살려 주는 것이다. 직원이 상황을 즉각적으로 판단하고 문제를 신속하게 해결하기 위해서는 재량권이 필요하다. 자신이 결정할 수 있는 권한이 많아지면 직원의 자존감, 소속감, 책임감이 높아진다.

임파워먼트는 직원이 자율성과 창조성을 유지하게 만들고 내재적 역량을 최대한 발휘하게 한다. 자발적인 사람은 부서간의 벽을 효과적으로 허물고 조직의 장애물을 제거한다. "넷플릭스에 가장 이득이 될 것을 하라." 넷플릭스는 이 모토에 따라 직원에게 임파워먼트를 하고 그들의 성숙한 행동을 신뢰한다.

리츠칼튼은 직원에게 고객의 경험을 향상시키거나 문제를 해결하기 위해 필요하다면 일정한 액수까지 지출할 수 있는 권한을 부여한다. '나는 고객의 문제를 책임지고 즉시 해결한다'는 서비스 가치를 실천할 수 있는 원동력이다. 상사에게 문제를 보고하고 승인 받느라 서비스가 지체되는 사태가 발생하지 않는다. 다른 사람에게 책임을 전가하는 일이 없는 이유이기도 하다. "즉각적으로 문제에 대처할 때 가장 비용이 적게 듭니다. 고객의 불만은 오랫동안 방치할수록 더욱 커집니다." 홍보 담당 임원의 말이다.

회사가 직원에게 권한을 주지 못하는 것은 직원을 신뢰하지 못하기 때문이다. 그럴수록 회사는 규정이나 정책을 강조하고 직원은 몸을 사린다. 이렇게 회사 규정을 내세우는 직원 때문에 얼마나 많은 고객이 좌절하는가? 게다가 직원마저도 회사 규정이 불합리하다고 느끼는 경우 자신의 업무에 보람을 느끼기 어려울 것이다. 직원에 대한 불신은 직원의 사기와 서비스 수준을 저하시킨다.

스칸디나비아항공SAS 회장을 역임한 얀 칼슨은 이렇게 말했다. "고객에게 너그럽다고 해서 회사가 손해 볼 일은 그리 크지 않다.

진짜 큰 문제는 직원들이 책임질 것을 두려워해서 서비스를 아예 포기하는 것이다."

효과적인 임파워먼트를 위해서는 직원에게 적절한 지원을 제공해야 한다. 그러한 지원으로 세 가지를 들 수 있다. 우선 경영지원이다. 관리자가 임파워먼트에 필요한 정보를 직원과 공유하고 의사결정권을 인계하는 것이다. 다음으로는 지식지원이다. 직원이 지식이 있어야 상황을 분석하고 적절한 의사결정을 내릴 수 있다. 마지막으로는 기술지원이다. 직원은 정보시스템 담당자로부터 기술적 지원을 받을 수 있어야 효과적으로 권한을 행사할 수 있다.

미국 서부 전력회사 PG&E Pacific Gas & Electric Company는 임파워먼트를 통해 조직을 혁신적으로 바꿨다. 이전에는 상사의 승인 없이는 계량기 설치 경로조차도 변경할 수 없을 정도로 직원의 권한이 제한적이었다. 그런데 회사가 혁신을 추진하며 직원에게 많은 권한을 위임했다. 그러자 직원들은 상사를 만족시키는 것이 아니라 고객을 만족시키는 것에 주력했다. 그 결과, 연 8백만 달러의 비용이 절감되고 직원만족과 고객만족이 증가했다.

인터넷 신발 쇼핑몰 자포스는 직원에게 고객만족을 위해서라면 무엇이든 해도 좋다고 할 정도로 많은 권한을 준다. 고객 응대를 하는 컨택센터를 고객충성도팀customer loyalty team이라고 부른다. 직원의 역할과 책임은 말 그대로 고객의 충성도를 높이는 것이다.

정해진 매뉴얼이나 스크립트도 없다. 자포스는 직원이 획일적인 태도로 고객을 대하는 것을 원하지 않는 것이다. "자포스는 직원의 개성을 존중하고, 또 적극 권장하고 있습니다. 그것이 자포스가 다른 회사와 크게 다른 점이며, 자포스 성공의 비결이라고 생각합니다." 경영진의 말이다.

자포스 직원은 고객과 감정적 유대감을 맺는 것을 중시하고 이를 위해 재량권을 행사한다.

한 직원이 고객에게 배송한 신발을 잘 받았는지, 마음에 드는지 확인하고자 연락했다. 그런데 아뿔싸. 그 고객은 몸이 아픈 어머니를 위한 선물로 신발을 샀던 것인데 그만 어머니가 돌아가셨다는 것이다. 갑작스러운 일이라 신발을 반품할 기회도 놓쳐버렸고. 이 얘기를 접한 직원은 즉시 반품 처리를 진행했다. 그리고 다음 날 그 고객에게는 한 다발의 꽃이 배달되었다. 카드에는 어머니를 잃고 상실감에 빠진 고객을 위로하는 글이 적혀 있었다. 그 직원이 보낸 것이다.

"감동 때문에 눈물이 멈추지 않았습니다.… 지금까지 받아본 친절 중에서 가장 감동적인 것이었어요. 혹시 인터넷에서 신발을 사려고 하신다면 자포스를 적극 추천합니다." 전혀 생각하지 못했던 꽃을 받고 감동한 고객이 어느 블로그 사이트에 남긴 글이다. 이 글은 여기 저기 전달되며 수많은 사람들을 감동시켰다.

고객에게 꽃과 카드를 보내는 것이 자포스 정책은 아니다. 우연히 고객의 사연을 접한 직원이 고객의 슬픔을 조금이나마 위로해 주겠다는 생각으로 자신이 판단해 보낸 것이다. 이런 직원의 자발적인 행동이 한 고객을 충성고객으로 만든다. 그리고 그 고객은 주위에 회사를 추천해 새로운 고객을 불러 모은다.

노드스트롬 백화점도 직원에 대한 임파워먼트로 널리 알려져 있다. 권한, 정보, 지식 및 보상 측면을 살펴보자. 먼저 권한 측면에서 고객을 만족시키기 위해서는 어떠한 일이라도 수행할 수 있다. "모든 상황에서 건전한 판단력을 활용하세요. 다른 규칙은 없습니다." 업무 매뉴얼에 적힌 내용이다. 정보 측면에서는 직원들에게 상품 및 매출에 관한 정보를 공개한다. 상품 원가와 고객 분류 정보를 바탕으로 책임한계를 명확하게 인식하고 있으므로 자유스럽게 재량권을 발휘할 수 있다. 타 백화점의 경우 문제가 생기면 매니저를 통해 결정을 내리는 것과 비교된다. 지식 측면은 철저한 교육과 강도 높은 현장훈련을 통해 직원 능력을 향상시킨다. 보상 측면에서는 동종 업계 최고의 급여와 '이달의 직원상'과 같은 심리적 보상을 제공한다. 재량권을 발휘해 문제를 해결한 직원의 경험은 본인뿐만 아니라 다른 직원의 근무 의욕도 높이게 된다.

"직원처럼 굴지 말라." 노드스트롬 전 CEO가 직원들에게 했던 말이다. 실제로 직원들은 고객을 만족시켜야 돈을 벌 수 있고 일하는 보람과 삶의 기쁨이 따라온다고 믿는다.

'한 번에 한 분의 고객만을 모신다.'
'고객 관계는 영원한 것이 아니다(그러므로 끊임없이 노력하자).'
'고객이 정말 만족스런 경험을 했는지 항상 자문해봐야 한다.'

노드스트롬의 회의실에 붙어 있는 슬로건들이다. 직원들의 주인의식이 느껴지지 않는가? 직원에게 힘을 실어줘라. 주인처럼 행동하도록.

07

감정노동을
관리하라

"제가 세상에서 제일 좋아하는 우리 엄마가 상담 드릴 예정입니다. 잠시만 기다려주세요."

"착하고 성실한 우리 딸이 상담 드릴 예정입니다. 잠시 기다려주세요."

어느 기업의 고객센터에 전화했는데 수화기 넘어 들리는 목소리다. 통화 연결 전에 상담원도 누군가의 소중한 가족이라는 것을 알리는 음성 메시지다. 상담원의 가족이 직접 자신의 목소리를 녹음했다. 고객의 폭언과 욕설에 시달리는 상담원들을 위해 2017년 GS칼텍스가 도입한 '마음이음 연결음' 캠페인이다.

감정노동emotional labor이란 업무상 요구되는 특정 감정 상태를 연출하거나 유지하기 위해 자신의 감정을 억누르고 통제하는 일을 일상적으로 수행하는 것이다. 육체노동physical labor이 몸을 사용해 일하는 것처럼, 감정노동은 감정을 사용해 일하는 것이다. 고객센터 상담원, 항공기 승무원, 은행 직원, 간호사, 백화점 점원 등 대인 서비스를 주된 업무로 하는 접점 직원들이 해당된다.

그러나 감정노동이 고객을 응대하는 서비스직에만 있는 것은 아니다. 일반 직장에서도 직원들은 상사를 대상으로 감정노동을 하고 있다.

감정노동은 자신이 실제로 느끼는 감정과 겉으로 보여야 하는 감정 사이에 괴리가 있을 때 나타난다. 마치 배우가 연기를 하듯 타인을 위해 자신의 감정을 관리해야 하는 것이다.

일반적으로 고객은 직원이 명랑하고, 친절하고, 진실하며, 겸손할 것으로 기대한다. 하지만 직원들이 언제나 긍정적인 감정을 느낄 수는 없다.

그럼에도 불구하고 고객의 기대를 충족시키기 위해서는 직원들은 실제 감정을 숨겨야 한다. 고객에게 밝은 모습을 보여야 한다는 생각으로 얼굴은 웃고 있지만 마음은 우울한 상태다. 이래서 '스마일 마스크 증후군smile mask syndrome'이라는 용어도 생겼다.

비교적 간단한 업무에도 감정노동은 존재한다. 단순히 전화로 접촉하는 것도 상당한 스트레스를 유발할 수 있다. 감정노동을 지속적으로 하는 감정노동자는 상당한 피로감과 스트레스를 느끼게 된다. 각기 한 건은 작은 것이지만 전체적으로 봤을 때 수많은 사람을 대상으로 유사한 업무를 반복적으로 처리하기 때문이다. 이를 '대인접촉과잉 증후군contact-overload syndrome'이라고도 부른다. 많은 사람과 일대일로 접촉하는 업무에 종사하는 사람이 빠지기 쉽다.

감정노동이 초래하는 부작용은 다음과 같은 것이 있다. 무력감, 권태감, 의욕감퇴, 현실도피, 육체적 피로, 스트레스, 조급함, 적대감. 업무와 고객에 대한 관심이 저하되고 자존심과 성취 의욕이 감퇴한다. 그리고 고객을 기계적으로 응대하게 된다.

최근 코로나로 인해 재택근무나 원격근무가 많아지면서 다양한 신조어가 탄생했다. 우울, 무기력 등을 뜻하는 '코로나 블루Corona Blue'. 우울감, 불안감이 분노, 격노 등으로 표출된 '코로나 레드Corona Red'. 절망감, 암담함이 표현된 '코로나 블랙Corona Balck'까지 직원의 감정 체계가 흔들리고 있다. 이런 부정적인 감정은 사라지지 않고 차곡차곡 쌓이다가 엉뚱한 데서 터질 수 있다.

감정노동이라는 개념을 파악하면 왜 일선 직원이 때로는 고객에게 적대적인 행동을 보이는지를 이해할 수 있게 된다. 보통 게으르고, 무관심하고, 의욕이 없어 보이는 직원들은 대인접촉과잉으로 인한 의욕감퇴 증상이 있는 것이다. 따라서 구조적으로 이러한 문제가 있다는 사실을 명확히 이해하고 적절하게 대응해야한다.

감정노동 문제는 여러 측면에서 대응해야 할 것이다. 첫째, 직원의 선별 및 직무배치에서 고려해야 한다. 누가 감정노동에 대해 저항력이 있는가를 확인하는 방법을 찾아야 한다. 저항력이 상대적으로 약한 사람에게 적합한 업무를 찾을 필요가 있다.

장애인들에게 다양한 서비스를 제공하는 업체인 덩가빈Dungarvin은 회사 웹사이트를 통해서 자사 직원들에게 특별히 요구되는 감정노동이 어떠한지를 알려주고 있다. 그렇게 함으로써 일상적으로 장애인을 상대해야 하는 업무에 적합한 지원자를 선발하는데 도움을 얻고 있다.

급여 및 인력관리 서비스 제공업체인 페이첵스Paychex는 회사 내 다양한 부서에서 요구되는 감정노동에 적합한 직원을 뽑기 위해서 실제 직무를 시연하고 있다. 이러한 절차들은 직원들이 감정노동에 필요한 배경이나 성격을 가지고 있는지 확인하는데 도움을 준다.

둘째, 교육훈련을 통해 고객접촉에서 생기는 스트레스를 완화시키는 방법을 가르치고 의욕을 지니고 업무를 볼 수 있도록 도와주어야 한다.

GM은 고객 서비스 담당 직원을 교육할 때, 전화 응대시 화를 참는 법을 가르친 결과 고객만족도가 증가하였다. 아메리칸 익스프레스 트래블 서비스에서는 어려운 상황에 처해 이성을 잃은 사람들을 다루는 법을 특별 훈련시키고 있다. 씨티은행은 화난 고객이나 문제가 있는 고객을 응대하는 법을 교육하고 있다. 에버랜드도 감정노동 개념에 대한 이해와 스트레스를 완화하는 법을 교육한다.

셋째, 현재의 감정을 숨김없이 느끼고 나아가 정서적으로 성숙하게 만드는 정서코칭을 통해 직원의 회복탄력성을 높일 수 있다. 회복탄력성resilience은 시련과 실패를 딛고 일어서는 능력을 말한다. 정서적으로 성숙하면 회복탄력성이 높아지고 스트레스에 대한 대처능력이 향상된다. 정서적으로 성숙한 사람은 스스로가 스트레스를 덜 받지만, 다른 사람들에게도 스트레스를 주지 않는다.

넷째, 업무 환경을 전략적으로 설계함으로써 직원의 감정노동을 감소시킬 수 있다. 단순히 업무 효율성에 초점을 맞추는 것이 아니라 직원의 감정에 초점을 맞춰 근무 환경을 조성하는 것이다. 비행 중 의료 응급상황 발생시 기내에 전화 상담 서비스를 제공하는 메드에어MedAire사 직원들은 생명이 위급한 비상 상황에 자주 노출될 수밖에 없다. 따라서 많은 스트레스를 경험한다. 메드에어사는 사무실을 개조하여 모든 직원들이 창문을 통해서 나무나 잔디 같은 자연 경관을 감상할 수 있게 했다.

아마존은 T자형 건물을 통해서 많은 창문을 설치하였고, 이를 통해서 직원들은 시내와 호수 등 좋은 전망을 즐길 수 있다. 또한 스피어스Spheres라는 새로운 건물을 지어 여러 종류의 열대 식물로 형성되어 있는 공간을 제공한다. 바깥의 좋은 풍경을 감상할 수 있게 많은 창문을 제공한 것을 넘어서 친환경적인 사무 공간을 제공한 것이다.

다섯째, 직원이 감정노동에 대처할 수 있도록 지원 시스템을 만드는 것이다. 한 가지 방법은 직원들의 동호회 활동을 지원하는 것이다. 직원들은 자연스럽게 현장에서 겪은 감정노동에 관한 경험을 공유하게 된다.

그런 어려움을 자신만이 겪는 것이 아니라는 점을 알게 된다면 여러 면에서 위로가 될 것이다. 또한 이러한 활동을 근무시간 내에 허용함으로써 직원들은 회사가 자신들을 배려하고 있음을 느끼게 된다. 리츠칼튼, 월마트 등이 이러한 활동에 별도의 시간을 할애하고 있다.

여섯째, 경영진을 일선에 내보내서 고객을 직접 대면하게 해야 한다. 일선 직원의 불만사항 중 하나는 자신들이 겪는 감정노동을 경영진이 제대로 이해하지 못한다는 것이다. 경영진은 정기적으로 고객을 상대함으로써 이러한 오해를 불식시켜야 한다.

예를 들어 임원이 현장에 나가 1일 업무 지원을 하는 체험 프로그램이 가능하다. 하루 동안 현장 업무를 지원하면서 업무의 고충을 체험하게 될 것이다.

젯블루항공은 콜센터에 임원들을 파견하여 상담 직원들과 함께 일하게 한다. 경영진은 직원이 겪는 감정노동을 이해하는 것에 그치는 것이 아니라 직원을 진심으로 배려하는 자세를 보일 필요가 있다.

일곱째, 직원들에게 휴식을 취할 기회를 주어야 한다. 감정노동에 오랫동안 노출된 직원에게는 교대 근무나 부서 이동을 통해서 쉴 수 있는 기회를 제공한다. 또는 하루 종일 고객과의 전화 응대에 시달리지 않도록 몇 시간 동안이라도 다른 업무를 보도록 한다. 직원들이 활력을 되찾고 기운을 회복하여야 감정노동에 더 잘 대처할 수 있게 될 것이다.

마지막으로, 정말 까다로운 고객의 경우 일선직원이 감당하기에 버거울 수 있다. 이럴 때는 관리자가 나서서 처리해야 한다. 치킨 체인점 윙존Wing Zone은 직원이 상대하기 어려운 고객은 관리자가 대신 응대하도록 한다. 만약 관리자 역시 경험이 부족하고 상황 수습 능력이 미흡할 경우에는 본사가 직접 처리하게 한다.

GS칼텍스의 '마음이음 연결음'은 고객센터 상담원도 소중한 사람임을 인식시키는 캠페인이었다. 통화연결음이 바뀐 후에 실시한 설문조사 결과 상담원들의 스트레스가 54% 감소했다. 상담원들이 느끼는 '존중 받는 느낌'과 '고객의 친절에 대한 기대감'도 25% 정도 상승했다. 화가 나서 전화를 했던 많은 사람들이 마음이음 연결음을 듣고 순간 마음이 누그러졌다고 한다.

감정노동이야말로 극한직업이다. 주위의 감정노동자에게 따뜻한 말 한마디 건네자. 다같이 살기 좋은 세상으로 가는 첫 걸음이다.

08

조용한 직원,
조용한 고객

조용한 직원

2022년 7월 동영상 플랫폼 틱톡에 올라온 짧은 영상 한 편이 세계적으로 큰 열풍을 일으켰다. 미국 뉴욕에 거주하는 엔지니어 자이들 펠린Zaidle Ppelin이 올린 '조용한 사직에 대하여on quiet quitting'이다. 그는 "일은 삶이 아니다", "당신의 가치는 노동 결과로 정의되지 않는다", "허슬 문화hustle culture를 지지하지 마라"고 얘기하며 조용한 사직을 해야 한다고 강조한다.

허슬 문화란 직장인들이 개인의 삶보다 일을 중시하고 회사를 위해 모든 것을 바치겠다는 생각으로 일하는 방식을 일컫는다.

미국 실리콘밸리 기업들에서 시작되어 다른 기업들로 확산된 관행이다. 우리나라에서도 과거 오랫동안 자리 잡았던 방식이다.

조용한 사직의 핵심은 '일과 삶을 동일시하지 않는다'라는 전제 하에 정해진 업무시간에 주어진 일만 수행한다는 것으로 볼 수 있다. 엄밀한 의미에서 사직은 아니다. 실제로 직장을 그만두는 것은 아니기 때문이다. 그러나 직원의 마음이 회사를 떠나 있기 때문에 실질적으로 사직에 가깝다고 볼 수 있다.

자신이 해야 할 일이 아닌 것은 하지 않는다. 마음만 먹으면 더 할 수 있지만 자기가 받는 보상만큼만 일하겠다는 것이다. 맡은 일도 제대로 안하면서 월급만 꼬박꼬박 챙겨가는 '월급루팡'과는 다르다. 갤럽의 한 조사에 의하면 미국 기업의 경우 '조용한 사직'에 해당하는 직원이 절반을 넘는다고 한다.

조용한 사직이 미국만의 현상은 아니다. 22년 10월 판교 데이터센터의 화재로 카카오톡, 카카오페이, 카카오모빌리티 등 카카오 서비스가 먹통이 됐다. 카카오 회사 차원에서 비상사태였던 상황에서 직장인 익명 커뮤니티 앱 '블라인드'에 카카오 직원 A씨의 "내가 장애 대응 안하는 이유"라는 제목의 글이 게재되었다.

"나라 구하는 보람으로 하는 일도 아니고 오너도 자본주의를 좋아한다는데 책임감 같은 거 가질 필요 없지 않나? 장애대응 보상 가이드라인 물어보니 무급 맞다 길래 쿨하게 노는 중"

이에 대해 "무책임하다"고 비난하는 의견과 "저게 현명한 태도다. 요즘 세대의 생각을 대변한 것"이라고 옹호하는 의견이 엇갈리며 커뮤니티를 뜨겁게 달궜다.

조용한 사직이 한국에서도 확산되고 있다는 것을 단적으로 보여준 사례다. 한 조사에 의하면 "딱 월급 받는 만큼만 일하면 된다"는 20~30대 직장인이 70%라고 한다.

조용한 고객

오래전 부부싸움에 대한 특강에 간 적이 있다. 연사가 강연을 시작하면서 청중에게 한 가지 질문을 던졌다. "여러분, 최근 5년간 부부싸움을 한 번도 안 하신 분 계신가요?" 순식간에 주위가 조용해졌다. 사람들은 공연히 책상을 처다보고 필기하는 척하며 딴청을 피우고 있었다. 나도 마찬가지다.

그런데 맨 뒤에 앉은 한 신사분이 손을 버쩍 치켜들었다. 모두들 눈치만 보고 있다가 손을 든 사람이 있다는 것을 알게 되자, 일제히 그 쪽을 처다봤다. '저런 고매한 인격을 가진 사람'이 누군가 궁금해 하며. 그런데 갑자기 앙칼진 여자의 목소리가 들렸다.

"아이고 정말, 내가 참고 사니까, 이 양반 미쳤구만…."

아마 그 신사 분은 부인이 바가지도 안 긁고 잔소리도 안하니까 부부 간에 아무 문제가 없다고 생각했던 것 같다. 그런데 부인 입장에서는 남편이 VIP라 조용히 지내고 있었나 보다.

여기서 VIP는 '귀빈Very Important Person'이 아니다. '구제불능 인간Very Impossible Person'을 의미한다. 목 아프게 말해 봐야 상대가 변화될 가능성이 전혀 없으니 아예 포기하고 지낸 것이다.

그런데 남편이 잘난 척하며 손을 든 것을 보고는 도저히 못 참고 한마디 한 것이다. 조용하다고 해서 결코 그 부인이 만족한 것은 아니었던 것이다.

기업 입장에서도 마찬가지다. 고객이 조용하다고 해서 그 고객이 만족했다고 착각하면 오산이다. 한 통계에 의하면 불만족 고객의 10% 이하만이 불평을 토로한다. 불만 고객의 90%는 침묵을 지킨다. 따라서 '조용한 고객'에는 두 가지 유형이 있을 수 있다. 한 유형은 진정으로 만족해 조용히 있는 고객이다. 다른 유형은 불만족하지만 조용한 고객이다.

그런데 조용한 고객이 왜 중요할까? 다음 글을 한 번 보자.

"나는 정말 좋은 고객입니다.

나는 어떤 종류의 서비스를 받더라도 불평하는 법이 없습니다.

나는 절대로 흠잡거나 잔소리를 한다든가, 비난하지 않습니다.

사람들이 종종 하듯이, 시끄럽게 불평을 늘어놓지도 않습니다.
나는 그런 행동들이 쓸 데 없다는 것을 알고 있기 때문입니다.
솔직히 나는 멋진 고객입니다.
여러분, 내가 누구인지 궁금하십니까?
나는 바로 '다시는 돌아오지 않는 고객'입니다."

그렇다. 조용한 고객이 기업을 망칠 수 있다. 불만이 있는데도 침묵하는 고객은 기업을 등질 가능성이 매우 높다. "떠날 때는 말 없이…"라는 노래 가사도 있지 않은가. 불만 고객의 조용함은 마음이 이미 기업을 떠난 '조용한 이탈'이라고 할 수 있다.

실제로 연구에 따르면 불만 고객 중 조용한 고객의 경우 단지 9%만이 상품을 다시 구매하였다. 결국 조용한 불만 고객 중에서 91%가 떠나가는 고객이 된 것이다.

조용함, 그 속에 숨어 있는 위험

조용한 직원이든 조용한 고객이든, 그 조용함에는 위험이 숨겨져 있다. 조용한 사직이나 조용한 이탈이라는 위험이다.

직원의 조용한 사직은 표면적으로 보이지 않는 것이 문제다. 직원의 개인 차원에서 이뤄지는 것이라 동료나 상사가 세밀하게 관찰하지 않으면 파악하기 어렵다. 게다가 심각한 것은 이런 현상이 우수한 직원 사이에서 확산된다는 점이다. 결과적으로 조직의 성과와 역량이 하향평준화 될 수밖에 없다.

고객의 조용한 이탈도 마찬가지다. 고객이 불평을 하지 않기 때문에 아무런 문제가 없다고 착각할 수 있다. 고객의 불만을 전혀 파악하지 못하고 있다가 그 고객을 잃어버릴 수 있다. 조용한 사람이 분노하면 더 무서울 수 있다. 참고 참다가 마음이 싸늘하게 돌아서기 때문이다.

여러분 주위를 살펴보라. 분명히 조용한 직원이 많이 있을 것이다. 조용한 고객도 많이 있을 것이다. 이런 조용한 직원과 조용한 고객에 대해 다시 한 번 생각해 보라.

이 고요함이 진정한 평안인가, 아니면 이미 마음은 떠나간 '영혼 없는' 침묵인가?

09

세계로 웅비하는
K-서비스

　얼마전 대만, 불가리아, 인도네시아, 태국에서 서울대학교로 유학 온 외국학생들과 식사를 했다. 졸업하고 모국에 돌아가면 무엇을 할 계획이냐고 물었다. 그랬더니 대부분 학생들이 졸업하고 나서 한국에서 살고 싶다고 대답했다. 한국이 여러모로 편리하고 살기 좋다며 대중교통, 인터넷 등 각종 서비스가 우수하다고 칭찬했다.

　사실 유학생들만의 의견이 아니다. 미국에 사는 교포 친구도 매년 한국을 찾는다. 한국에 오면 머리를 손질하고 건강검진을 받고 치과를 이용하고 피부 시술도 받는다. 한국 서비스가 예전에 비해 정말 좋아졌다며 부러워한다. 미국에서 인터넷 설치를 신청

했거나 운전면허증 발급을 위해 고생해 본 사람이라면 누구나 공감할 것이다.

한국의 서비스가 국제적으로 인정받고 있다. BTS와 블랙핑크의 활약으로 우뚝 선 K-팝, 박세리로부터 시작된 K-스포츠, 영화 기생충과 윤여정의 아카데미상 수상으로 증명된 K-무비, 오징어게임과 에미 남우주연상을 받은 이정재로 대표되는 K-드라마, 이제는 세계로 웅비하는 K-서비스 시대가 도래한 셈이다.

오래전 일이 떠오른다. 한국표준협회 부회장과 점심 식사를 하게 되었다. 화제는 자연스럽게 한국이 유치하게 된 월드컵 대회와 행사 준비로 이어졌다. 경기장 등 체육시설이 주로 얘기되고 있었다. 하지만 필자는 서비스 인프라를 제대로 갖추는 것이 더 중요하다고 강조했다. 방문객들이 공항에서부터 택시, 호텔, 식당 등을 이용하면서 만족스러운 경험을 해야 한국을 다시 방문하고 주위에도 추천할 것이니까.

부회장은 좋은 생각이라고 응수했다. 그러더니 서비스 인프라를 제대로 갖추려면 품질 측정이 중요하니 서비스산업의 품질을 측정하는 모형을 개발하자고 제안했다. 측정할 수 있어야 개선할 수 있지 않은가. 이미 품질경영에서 업계를 선도하고 있던 한국표준협회다. 그러나 주로 제조 분야에 집중하던 터라 서비스 분야에 새로운 기회가 있다고 판단한 듯하다. 이렇게 시작되어 필자가 연구 책임을 맡은 서울대학교 경영연구소와 한국표준협회가 공동으로 개발한 것이 한국서비스품질지수KS-SQI다. 2000년의 일이다. 식탁에서의 작은 대화가 한국을, 아니 이제는 세계를 대표하는 서비스품질모형으로 이어진 것이다. 몇 년 전 KS-SQI 모형을 싱가포르 등 해외에 수출했으니 과장이 아니다.

2000년 개발된 KS-SQI는 매년 조사를 계속하며 한국 서비스산업 발전에 기여해왔다. 첫해 14개 업종을 대상으로 시작한 조사는 2022년 지자체 7개 부문을 포함하여 총 87개 업종, 386개 기업을 대상으로 이용자 10만여 명에게 조사가 이뤄졌다. 2000년 서비스산업 KS-SQI 평균은 불과 54.8점이었다. 2022년은 75.1점으로 20점 이상 향상되었다.

KS-SQI라는 나무가 20여년 동안 잘 자라 꽃을 피우고 좋은 열매를 맺은 셈이다. 한국 서비스산업이 글로벌 경쟁력을 갖추는데 KS-SQI가 핵심적 역할을 했다고 확신한다. 아울러 이런 의미 있는 프로젝트에 참여할 수 있어 감사할 따름이고 보람을 느낀다.

서비스 품질 향상으로 인하여 얻는 성과는 기업, 고객, 사회 측면에서 볼 수 있다. 기업이 얻는 성과는 글로벌 경쟁력과 고객충성도 제고를 통한 이익과 기업가치 증대라는 경제적 기여다. 고객 측면의 성과는 고객을 만족하고 행복하게 하는 것이다. 이는 궁극적으로 국민의 삶의 질을 높이며 전반적 웰빙을 증진하는 사회적 기여가 된다. 즉 서비스품질은 기업, 고객, 사회가 모두 상생할 수 있게 하는 연결고리다.

최근 개편된 KS-SQI 3.0은 서비스 품질 측정에 사회적 품질도 포함하고 있다. 사회적 품질은 기업이 사회적 가치를 추구하고 올바른 경영을 하는가를 의미한다. 사회적 가치가 서비스 품질 측정에 반영되어 기업들이 지속가능 경영을 목표로 할 것을 제시한다. 기업의 사회적 가치 추구에 대한 고객의 인식을 정기적으로 모니터링 하는 것이다.

한국의 서비스를 이렇게 탁월하게 만든 것은 바로 현장에서 일하는 직원들이다. 직원들이 각자 자신의 역할과 책임을 묵묵하고 성실하게 수행해 준 덕분이다. 그런데 우리는 이런 숨은 영웅들을 어떻게 대하고 있을까?

필자는 서비스 종사자들과 회식을 하는 자리에서 건배사를 하게 되면 '서비스'라는 단어로 3행시를 한다. "서러워도, 비참해도, 스마일!" 서비스에 종사하는 직원들이 겪는 감정노동을 생각하며 만든 3행시다. 이들이 감내하는 스트레스와 고통이 느껴지지 않는가? 서비스는 열가지 잘 한 것은 드러나지 않는다. 그런데 한가지라도 잘못한 것은 눈에 띄는 법이다. 끊임없이 노력하는 직원들 덕분에 서비스가 완벽해지고 고객 경험이 최적으로 되는 것이다.

기업이 성공하기 위해서는 고객과 직원 모두 중요하다. 상품을 구입하는 사람만 고객이 아니라 직원도 고객이다. 상품을 구매하는 고객은 외부고객이고 직원은 내부고객이다. 직원을 고객으로 보고 직원을 대상으로 하는 내부마케팅이 필요하다. 즉 직원에게 동기를 부여하고 일할 맛나게 해야 한다.

행복한 직원이 행복한 고객을 만든다. 직원이 고객에게 잘 하길 원한다면 우선 직원에게 잘 해야 한다. 직원이 제대로 대우를 받아야 고객에게 최상의 서비스를 제공할 수 있다. "우리는 신사숙녀를 모시는 신사숙녀다." 탁월한 서비스로 명성을 떨치는 리츠칼튼 호텔의 슬로건이다. 직원을 하인처럼 취급하며 희생을 강요하는 '희생양 서비스'는 오래 가지 못한다. 직원이 긍지를 가지고 업무를 수행하는 '화수분 서비스'가 필요하다.

세계로 웅비한 K-서비스. 그 주역은 진심과 열정으로 일하는 서비스인들이다. 우리 모두 이 영웅들께 감사와 존경의 마음을 전하자.

4

가격

●

이제는 고객이 가치를 창출하고 확산하는 경제로 바뀌고 있다.
기업의 고유 영역이라고 여겨지던 가격 책정에서도
고객이 주도적 역할을 수행하게 하는 것이다.
자발적 지불. 기업의 비이성적인 위험한 도박일까?
아니면 소비자를 믿는 현명한 투자일까?

01

원하는 만큼 주세요···
자발적 지불 가격

2013년 가수 장기하가 신곡을 내면서 현대카드와 공동으로 이색 실험을 했다. '솔직하게 내고 가져갑시다 : 백지수표 프로젝트'라는 이름으로. 신곡 '좋다 말았네'를 디지털 음원으로 내고 소비자가 원하는 가격으로 구매할 수 있게 한 프로젝트다.

'자발적 지불 가격Pay What You Want: PWYW'을 채택한 것이다. 자발적 지불은 제품이나 서비스에 대해 소비자가 스스로 가격을 책정해 지불하는 방식이다. 장기하는 이렇게 선언했다. "우리 그냥 아주 솔직하게 갑시다. 우리 노랠 들어보고 '아, 이거 좋다 필이 온다' 싶으면 뭐 만원도 좋고 백만원도 좋고···. 좋긴 좋은데 주머니 사정이 좀 그래 그러면 알아서 가져가시라." 그리고 현대카드가 운영하는 음원 프리마켓 '뮤직'에서 한 달간 독점 발매했다.

왜 이런 시도를 했을까? 장기하 측은 음원의 주인인 저작권자에게 수익을 돌려주자는 취지라고 했다. 한국 음원시장에서 창작자의 몫은 얼마 되지 않는다. 이런 부조리를 바로 잡겠다는 것이다. 이렇게 들어 온 돈은 음반사와 나눌 필요가 없다.

이 프로젝트의 결과는 어땠을까? 프로젝트가 진행된 한 달간 3,666명이 다운로드를 받고 358만원을 냈다. 다운로드당 평균 976원이다. 당시 음원 사이트에서 MP3 한 곡당 평균 600원을 주고 내려 받을 수 있었다는 것을 감안하면 66% 더 높은 가격이다. 소비자 중 58%가 돈을 냈다.

사실 자발적 지불 가격은 영국 밴드 라디오헤드Radiohead로 거슬러 올라간다. 발매하는 음반마다 독특한 컨셉으로 대중음악의 새로운 길을 연 라디오헤드다. 2007년에는 파격적인 앨범 판매 방식으로 세상을 놀라게 했다. 7집 앨범 '인 레인보우즈In Rainbows'를 내면서 홈페이지에서 '자발적 지불' 방식으로 디지털 음원을 독점 발매한 것이다. 극단적인 경우 소비자는 돈 한 푼 내지 않고 음원을 구입할 수 있는 것이었다.

음악 산업 관계자들은 미친 짓이라고 비난했다. 포춘Fortune지도 이것을 '비즈니스에서 가장 바보 같은 순간 101101 Dumbest Moments in Business' 중 하나로 꼽았다. 실제로 이 앨범을 다운로드 받은 사람

중 62%는 한 푼도 내지 않았다. 그런데 흥미로운 사실은 이 앨범이 역대 앨범 중 가장 많은 수익을 라디오헤드에 안겨준 것으로 기록되고 있다. 어떻게 이런 일이 가능했을까?

우선 총 구매자의 숫자가 폭발적으로 증가한 것을 들 수 있다. 당시로서는 혁신적이고 재미있는 판매 방식이라서 각종 매체가 이를 소개했고 이는 바이럴 마케팅으로 이어졌다. 한 달간 120만 명이 홈페이지를 방문했다. 워낙 많은 사람들이 구입하다 보니 돈을 내지 않은 사람이 절반이 넘는데도 불구하고 총 매출액이 증가한 것이다.

게다가 중개인을 거치지 않고 직접 판매하니 수익률이 높아졌다. 만약 통상적인 음반 회사를 통해 판매했다면 앨범 가격은 14.99달러이고 라디오헤드는 15%인 2.25달러를 받았을 것이다. 만약 애플 아이튠스_{iTunes}를 통해 판매했다면 더 작은 금액인 1.40달러를 받았을 것이다. 그런데 독자적으로 자발적 지불을 사용한 결과 전체 구매자 중 38%가 돈을 지불했다. 1인당 평균 6달러다. 공짜로 다운로드 받은 사람들까지 포함해도 평균 2.26달러인 셈이다.

인터넷에서 창작물 가격이 공짜라고 여겨지던 때다. 드디어 인터넷 시장을 바꿀 대안이 나왔다고 세상이 떠들썩했다. 수많은 밴드들이 이 판매 방식을 따라 했다. 그러나 대부분 실패했다. 공짜로 다운로드 받은 사람들이 훨씬 많았고 전체 매출액도 훨씬 적었기 때문이다.

그렇다면 자발적 지불 가격이 성공할 가능성이 높은 상황은 무엇일까?

첫째, 상품의 한계비용marginal cost이 매우 낮은 경우다. 디지털 음원의 경우 추가 판매로 인해 증가되는 비용이 거의 없기 때문에 판매자로서는 부담이 없다. 인터넷 개인 방송 플랫폼도 마찬가지다. 시청자가 원하는 금액을 후원하는 방식으로 방송 서비스에 대해 가격을 지불하는 셈이다. 예컨대 아프리카TV 시청자는 자기가 원하는 만큼 별풍선을 방송 진행자에게 선물할 수 있다.

호텔, 항공, 렌트카 경우도 한계비용이 낮고 판매되지 않으면 가치가 사라진다. 이런 경우 소비자가 스스로 가격을 결정한다는 점에서는 자발적 지불과 유사하지만 약간 다른 방식도 가능하다. 역경매 방식의 프라이스라인Priceline 모델이다. 호텔을 예로 들면 소비자가 숙박이 필요한 날짜와 금액을 제시하면 이 가격을 받아들인 호텔을 프라이스라인이 연결해주는 것이다.

둘째, 소비자들이 공정한 마인드를 지닌 경우다. 공정한 소비자들은 특정 상품이 만들어지기까지 들어간 땀과 노력을 충분히 이해하고 공감하고 그 노력에 상응하는 대가를 치를 용의가 있다. 공정한 소비자는 자신이 인식한 상품의 가치에 따라 금액을 지불

한다. 따라서 상품을 만드는데 들어간 노력과 희생을 소비자가 충분히 이해할 수 있게 해야 할 것이다.

셋째, 판매자가 유명하고 좋은 평판을 가진 경우 이 방식은 구매를 증대할 수 있다. 세계적으로 유명한 밴드인 라디오헤드는 파격적 가격 방식을 통해 보다 많은 구매를 유도해 총 매출액 3백만 달러를 얻었다. 잘 알려지지 않은 판매자 같은 경우라면 특별한 가치를 제공하지 않는 한 좋은 성과를 얻기는 쉽지 않을 것이다.

넷째, 판매자와 구매자 간에 강력한 유대관계가 있는 경우다. 장기하와 라디오헤드의 경우 오랜 기간에 걸쳐 구축해 온 충성스러운 팬층이 있었다. 이처럼 잠재 구매자들과 끈끈한 유대관계가 존재할수록 이 방식이 효과적일 것이다. 구매자는 돈을 지불하면서 자신이 좋아하는 판매자를 후원한다고 생각할 것이다. 반면 사업을 막 시작한 판매자에게는 이 방식이 적합하지 않다. 구매자들이 판매자에 대한 신뢰나 감정적 애착이 없기 때문이다.

다섯째, 판매자가 상품에 대한 확신이 있는 경우다. 상품력이 있는 경우 구매자에게 가격을 마음대로 결정할 자유를 줘도 상품 가치를 평가 절하하지 않을 것이다. 그러나 상품 가치에 문제가 있는 경우라면 다를 것이다.

여섯째, 이 방식은 사용기간을 제한해야 효과적이다. 장기간 사용하기에는 적합하지 않다. 아니 장기적으로 사용하면 위험할 수 있다. 한정된 기간에 사용해야 효과적이다. 시간을 제한하면 일종의 긴박감이 생긴다. 시간이 얼마 남지 않았다는 이유로 별 관심이 없던 사람도 구매할 확률이 높아진다. 라디오헤드의 경우 7집 앨범을 출시하고 한정된 기간에만 이 방식을 사용했다. 그리고 이후 출시한 어느 앨범에서도 이 방식을 사용하지 않았다.

일곱째, 준거 가격reference price이 존재하거나 제시되어 있는 경우다. 준거 가격이란 구매자가 상품의 가격을 평가할 때 기준으로 삼는 가격을 일컫는다. 가장 최근 지불했던 가격, 유사한 상품의 가격, 빈번하게 지불한 가격 등이 해당된다. 사람은 누구나 공짜를 좋아하고 최소로 지불하고 싶어 한다. 그러나 준거 가격이 있다면 이것이 기준점이 되어 소비자가 지불하는 가격에 영향을 미치고 판매자가 최소한 원가는 보전할 수 있다. 준거 가격이 없거나 애매한 경우에는 권장 가격suggested price도 도움이 될 수 있다.

여덟째, 새로운 고객층을 유치해 고객 기반을 확대하는 것이 필요한 경우다. 사람들이 공짜로 무엇인가를 얻는 경우 그 소식이 빠르게 확산된다. 구전word of mouth이든 소셜 미디어를 통한 넷전이든 사람들은 주위 사람들에게 소식을 즉각적으로 알린다. 따라서 판매자는 다양한 신규 고객을 만나게 된다. 이 신규 고객들이 궁극적으로 충성 고객으로 진화될 수 있다. 예컨대 아티스트들이 SNS를 통해 무료나 저가로 신곡을 배포해 많은 사람들에게 감상할 기회를 제공한다. 이 기회를 통해 새로운 팬들이 많이 생기게 되고 이 중에서 열혈 팬들이 비싼 콘서트 티켓과 기념품을 구매하게 된다. 실제로 순회공연과 특별 상품 판매가 음반 수입보다 훨씬 큰 비중을 차지하는 경우가 많다.

마지막으로, 이 지불 방식이 대의명분과 연계되어 있는 경우다. 사람들은 자선처럼 훌륭한 명분이 있는 경우 돈을 지불하는데 있어 관대해진다. 의미 있는 일과 관련된 것이라고 느낄 때 기쁘게 참여한다. 사람들은 다른 사람들의 행동에 의해서도 영향을 받는다. 예컨대 주위 사람들이 구매하는 것을 목격했을 때 자신도 구매하겠다는 의향이 높아진다. 수익금이 NGO나 고귀한 취지를 위해 사용된다고 할 때 보다 많은 사람들이 참여할 것이다.

전통적으로 가격은 기업이 주도적으로 결정했다. 기업이 수요 공급의 원칙에 근거해 적절한 가격을 책정했다. 또는 해당 상품을 제공하는데 필요한 여러 가지 원가를 계산하고 적당한 이윤을 얻도록 가격을 책정했다. 그러나 이제는 고객이 가치를 창출하고 확산하는 경제로 바뀌고 있다. 그러다 보니 기업의 고유 영역이라고 여겨지던 가격 책정에서도 고객이 주도적 역할을 수행하게 하는 것이다.

자발적 지불. 기업의 비이성적인 위험한 도박일까? 아니면 소비자를 믿는 현명한 투자일까?

02

묶음 가격

다음 품목들의 공통점은 무엇일까?

햄버거 세트
편의점 2+1 이벤트
스키장 시즌권

이들은 모두 묶음가격을 사용한다는 공통점을 가지고 있다. 묶음가격 price bundling 은 두 가지 이상의 상품을 결합해 개별적으로 구매할 때보다 낮은 가격으로 제공하는 전략을 일컫는다. 번들링으로도 널리 알려져 있다.

묶음가격의 기본 유형은?

묶음가격은 기본적으로 순수묶음과 혼합묶음으로 구분할 수 있다. 순수묶음가격pure price bundling 은 상품을 묶음으로만 구매할 수 있고 개별적으로는 구매할 수 없는 방법이다.

대표적인 예로 항공, 숙박, 식사, 입장권 등이 포함된 패키지 여행이나 강습, 장비 렌탈, 리프트권, 숙박 등을 결합한 스키캠프를 들 수 있다. 고객 입장에서 일정을 짜느라 골치 아프지 않고 저렴하다는 장점이 있다. 하지만 선택권이 없어 원하지 않는 상품도 함께 구매해야 하는 단점이 있다.

혼합묶음가격mixed price bundling 은 상품을 개별적으로 구입할 수 있는데 묶음으로도 구매할 수 있는 방법이다. 예컨대 스포츠센터에서 헬스, 수영, 골프 프로그램을 제공하면서 헬스+수영, 헬스+골프 등 패키지 프로그램을 함께 제공하는 것이다. 통신사에서 초고속인터넷, 이동전화, IPTV 등을 패키지로 판매하는 것도 그런 예다.

혼합묶음은 상품을 어떻게 묶는가에 따라 리더묶음과 결합묶음으로 구분된다. 혼합리더묶음mixed leader bundling 은 A라는 리더 상품을 구매하면 B라는 상품을 할인해 주는 것이다. 예컨대 차량의 오일을 교환한 고객이 에어필터를 교체하는 경우 할인해주는 것이다. 스키장 리조트에 숙박하는 고객에게 리프트권을 할인해 주는 것을 흔히 볼 수 있다. 또는 스키장 시즌권을 구매한 고객에게 객실 등 부대시설을 할인해 주기도 한다.

혼합리더묶음에서 상품A는 기본적으로 가치가 높고 수요가 많은 것으로 한다. '리더 상품'이라고 부르는 이유다. 반면 상품B는 상대적으로 가치가 낮고 수요가 적은 것으로 한다. A와 B을 묶어 A에 대한 많은 수요를 지렛대로 활용하며 B를 큰 폭으로 할인해 시장점유율을 높이는 것이다.

혼합결합묶음mixed joint bundling은 두 개 이상의 상품을 고정된 가격으로 함께 제공하는 것이다. 흔히 레스토랑에서 세트나 코스 메뉴로 이 방식을 활용한다. 햄버거를 먹는 사람은 어차피 음료수를 마실 것이다. 그런데 감자튀김까지 세트로 해서 싸게 판다. 자연스럽게 세트를 구매할 가능성이 높아진다. 주문하기도 간편하고. 병원 건강검진센터는 다양한 종목의 검진을 받을 수 있는 프로그램을 제공한다. 성형외과도 쌍꺼풀 수술과 코 수술을 동시에 하는 패키지를 제공한다. 전자회사가 스피커를 개별적으로 판매하지만 TV와 결합해 특별 가격에 판매하는 것도 해당된다.

묶음가격이 적합한 상황은?

묶음가격은 언제 사용하는 것이 좋을까? 묶음가격은 다음과 같은 상황에서 효과적이다.

첫째, 기업이 여러 가지 상품들을 제공하고 있으며 이 상품들이 서로 보완적인 상황이다. 보완재complements란 두 상품을 따로따로 소비했을 때의 효용을 합친 것보다, 함께 소비했을 때 총효용이 증가하는 상품을 말한다. 협동재라고도 부른다. 도너츠와 커피, 팝콘과 콜라, 딱 맞는 궁합이 아닌가? 이런 상품들은 함께 이용하면 시너지가 생기며 고객이 체감하는 만족과 가치가 높아진다.

둘째, 기업이 취급하는 상품들이 매우 다양하며 각 개별 상품의 가치 인식이 고객별로 많이 다른 상황이다. 비록 각 상품에 대해 느끼는 가치가 고객마다 다르더라도 상품들을 묶으면 개인별 차이를 극복할 수 있다.

넷플릭스를 생각해 보자. 다양한 영화들을 묶음으로 제공한다. 이용자들이 개별 영화의 가치를 동일하게 인식하지 않지만 수많은 영화들을 묶어 제공하면 그런 차이는 서로 상쇄된다. 개별 영화에 대한 선호는 이용자 간에 차이가 있더라도, 묶음에 대한 선호는 그 차이가 대폭 줄어든다. 평균적으로 묶음 전체의 가치는 높아지는 것이다.

셋째, 상품들의 고정비용은 매우 높은 반면 한계비용marginal cost
은 없거나 낮은 상황이다. CTAV, 소프트웨어, 영화, 음원 등이 대
표적인 사례다. 스포티파이Spotify나 멜론 같은 음원 사이트의 경우
한 곡을 추가로 판매하는데 드는 비용은 거의 없다.

넷째, 구입 자체를 망설이는 고객이 즉시 구매하게 하거나 추가
구매를 하도록 유도하는 것이 중요한 상황이다. 마트에 온 소비자
가 1+1 이벤트나 BOGOBuy One, Get One를 보는 순간 유리한 조건이라
는 생각에 당장 구매할 가능성이 높아진다. 심지어 경쟁 상품을
구매하러 왔던 사람도 매장에서 마음이 바뀌게 될 수 있다. '하나
는 덤'이라고 느끼며 체감하는 가치가 높아지기 때문이다.

다섯째, 가격탄력성이 높고 경쟁이 심한 시장에서 상대적으로
덜 알려진 상품의 시장점유율을 확대하고자 하는 상황이다. 마
이크로소프트 인터넷 익스플로러가 윈도우와 묶음으로 제공되
면서 당시 절대강자인 넷스케이프 내비게이터를 이기고 웹브라
우저의 대명사로 등극했던 것이 대표적 사례다.(하지만 최근 구글
크롬이 웹브라우저 시장의 1위로 올라 선 것을 보면 참으로 격세
지감을 느끼게 된다. 역시 영원한 1위는 없는 법이다.)

유튜브 뮤직이 유튜브 프리미엄과 결합되면서 이용자수가 가파
르게 증가했다. 물론 광고가 없고 백그라운드 재생이 가능하다
는 점이 유튜브 프리미엄을 선택한 주된 이유일 것이다. 하지만

이 과정에서 음악을 즐기기 위해서는 당연히 음원 사이트를 이용하는 것으로 생각하던 사람들이 유튜브 뮤직으로 대거 이동한 것이다. 이렇게 단기간에 음원 시장의 판도가 바뀌는 것을 보면 묶음가격의 강력한 파괴력을 새삼 느낄 수 있다.

묶음가격의 혜택은?

묶음가격은 기업에게 여러 혜택을 줄 수 있다. 한 상품에서의 경쟁 우위를 다른 상품으로 확장해 전체 수익을 늘리며 고객충성도를 높일 수 있다. 묶음가격은 실질적인 가격차별화를 통해 리더 상품의 수요를 증대시키며 다른 상품의 수요를 창출할 수 있다. 그 결과 기업은 규모의 경제와 범위의 경제를 실현할 수 있다. 또 거래비용이나 복잡성을 감소시켜 원가절감을 달성할 수 있다. 이렇게 시너지 효과를 얻은 기업은 더욱 낮은 가격을 제공할 수 있어 진입장벽을 구축하는 효과를 거둘 수 있다.

아마존은 상품들을 묶음으로 판매하며 경쟁사에 비해 싼 가격을 제시하면서도 전체 마진을 극대화한다. 아마존이 강조하는 묶음의 기본 원칙은 함께 구매할 때 고객 경험이 개선되거나 편리해지는 것이다.

한 가지 유형은 아마존이 관련된 상품들을 최적으로 구성해 특별한 가격으로 제시하는 것이다. 예컨대 카메라와 함께 스트랩, 메모리카드, 렌즈, 삼각대, 플래시 등 액세서리를 묶어 제공한다. 구매자가 각각 고르려면 며칠이 걸려야 할 노력을 줄여주며 잘 어울리는 조합을 제시하기 때문에 매력적이다.

다른 유형은 구매하려는 상품과 자주 함께 구매된frequently bought together : FBT 상품들을 추천하는 것이다. 빅데이터 기술이 발전하면서 소비자 구매행동에 대한 정보를 손쉽게 수집하고 분석할 수 있어 효과적인 묶음이 가능하다.

묶음가격은 고객에게도 여러 혜택을 준다. 우선, 상품들을 개별적으로 구입하는 경우보다 저렴하다. 묶음이 많아질수록 할인되는 폭도 커질 수 있다. 게다가 묶음의 상품들은 서로 보완적이거나 관련되어 있어서 함께 이용하면 가치가 증가하는 것들이 대부분이다. 묶음은 함께 사용할 때 더 효과적이도록 고안된 경우가 많아 효율성이 높아진다.

또 거래하는 절차나 시간이 줄어 구매 경험이 편리해진다. 여러 업체와 협상할 필요가 없고 지불 절차도 간단해진다. 스키장 시즌권을 이용하는 경우와 매번 리프트권을 구매하는 경우를 비교해 보자. 테마파크의 빅5, 자유이용권이나 연간회원권도 마찬가지다.

묶음가격의 특수 유형은?

묶음가격은 앞에서 살펴본 기본 유형을 넘어서 다양한 특수 유형으로 확장해 활용할 수 있다. 우선, 상품들을 동시에 묶어야 한다는 고정관념은 버리자. 교차쿠폰cross-coupon이 한 유형이다.

교차쿠폰은 한 상품을 구매한 고객에게 다른 상품의 쿠폰을 지급하는 것을 일컫는다. 예컨대 C우유를 구매한 고객에게 D씨리얼 쿠폰을 제공하는 것이다. 만약 C우유를 구매한 고객이 쿠폰을 사용해 D씨리얼을 구매하면 C와 D를 특별한 가격에 구매한 것이다. 비록 판매 시점은 다르지만, 기업은 두 상품을 묶어 판매하는 것과 동일한 효과를 얻는다.

할인 리베이트도 묶음가격의 특수 유형이다. 누적 구매액이 일정 수준을 달성했을 때 리베이트를 주는 것은 여러 번의 구매를 묶어 특별한 가격에 제공하는 셈이다. 스탬프 10개를 받으면 무료로 상품 하나를 제공하는 로열티 프로그램이나 여러 개를 구매하면 할인을 해주는 수량할인도 유사하다.

주제품main product과 함께 사용해야 하는 종속제품captive product에도 묶음가격이 적용된다. 종속제품의 예는 전자책, 캡슐커피, 면도날, 비디오게임, 프린터 토너 등이다. 기업은 흔히 주제품에 대해서는 낮은 가격을 책정하고 종속제품에 대해서는 높은 마진을 보장하는 가격을 책정한다.

예컨대 아마존은 킨들Kindle 리더기와 태블릿 판매로는 별 이익을 얻지 못한다. 아마존이 기대하는 것은 고객이 태블릿으로 보거나 듣게 될 전자책, 음악, 영화 등이다. 아마존 창업자 제프 베이조스는 "우리 회사는 고객들이 킨들 기기를 구매할 때가 아니라 이 기기를 사용할 때 돈을 벌기를 원한다."고 말한다. 회사 입장에서는 주제품과 종속제품을 결합해 특별한 가격에 판매하며 매출과 이익을 증대하는 것이다.

보통은 기업이 상품들을 선정해 묶음으로 제시한다. 여러 가지 스낵을 묶어 번들로 제시하는 것처럼. 하지만 고객이 선택하는 묶음choose-your-own bundle도 가능하다. 편의점에서 만원에 맥주 4개를 마음대로 골라잡도록 하는 것처럼. 선택권은 고객에게 주면서 묶음의 혜택을 살리는 것이다.

기존 고객과 다른 고객을 묶는 유형도 가능하다. 예컨대 통신사의 가족 결합 할인이나 KTX의 4명 가족석이다. 가족회원 요금도 정회원과 가족회원을 결합해 묶음가격을 제공하는 것이다. 그냥 두면 경쟁사로 갈 가능성이 있는 잠재고객을 선점하는 효과가 있다.

자사 상품과 타사 상품을 묶는 유형도 가능하다. 영화를 관람한 고객에게 할인을 제공하는 식당은 영화 관람과 음식을 묶어 판매하는 것이고, 쇼핑몰 전체 매출을 올리는 효과가 있다. 심지어 경쟁사들이 결합하는 것도 가능하다. 예컨대 오크밸리, 용평리조트, 웰리힐리파크, 하이원리조트가 통합시즌권 'X4+시즌패스'를 출시했다. 겨우내 4개 스키장을 무제한으로 이용할 수 있는 통합시즌권이다. 각 스키장이 개별적으로 발행하는 시즌권을 결합했으니 묶음가격의 묶음이다.

묶음가격. 그 파급력을 살리기 위해 필요한 것은 창의적 발상이다. 누가 무엇을 언제 어떻게 묶어야 할까? 가격은 어느 수준으로 해야 할까? 하지만 그 무엇보다도 고객이 지불한 금액에 비해 느끼는 가치가 높아야 성공할 것이다. 고객이 원하지 않는 상품을 구매하도록 강요하는 끼워 팔기와 구별되는 지점이다.

03

가격은 변하는 거야 : 동적 가격

동적 가격dynamic pricing은 가격을 고정하지 않고 시장 상황에 따라 탄력적으로 변경하는 전략이다. 기업은 변화하는 수요와 공급 상황에 유연하게 대처하여 수익을 극대화할 수 있다.

과거에는 실시간으로 수요를 파악하고 대처하는 것이 어려웠다. 그러나 인공지능AI, 빅데이터Big data, 클라우드Cloud 등 소위 ABC 기술이 발달하면서 다양한 업종이 동적 가격을 활용하고 있다. 공급자와 수요자의 정보 교환을 통해 변동된 가격으로 실시간 거래하는 것이 손쉬워졌기 때문이다.

동적 가격은 전자상거래 플랫폼에서 필수 요소가 되어 가고 있다. 빅데이터를 기반으로 시장 상황을 실시간 반영해 수학적 모형을 통해 매순간 적절한 가격을 제공한다.

아마존은 고객 수요, 제품 원가, 재고 수준, 경쟁사 가격 등을 실시간으로 모니터링하여 최적화된 가격을 제시하고 매출을 증진시킨다. 가격 정보가 온라인에서 투명하게 제공되니 고객은 여러 업체들의 가격을 비교하며 구매한다. 이는 고객의 이익도 극대화해 더 많은 고객들이 아마존을 이용하게 만들며 결과적으로 아마존의 이익도 함께 증가하게 된다.

아날로그 경제에서 가격을 변경하면 고객에게 보여주는 정보를 바꾸는 것부터 영업이익 계산에 이르기까지 다양한 비용이 발생했다. 하지만 디지털 경제에서는 가격을 변경하는데 수반되는 비용이 거의 없어 동적 가격을 실행하기 수월하다. 오프라인 매장도 전자가격표ESL, Electronic Self Label를 사용하면 온라인 채널과 연동해 순식간에 가격을 바꿀 수 있고 IT 시스템을 통해 중앙 관리가 가능하다.

동적 가격이 적용되는 대표적인 예는 경매다. 공급자와 수요자의 가격협상을 통해 상품의 가격이 매번 다르게 결정된다. 역경매도 해당되는데 잠재 수요자가 희망하는 서비스가 존재하는 가운데 복수의 공급자들이 제공 가능한 가격을 제시한다.

프라이스라인Priceline은 역경매 방식으로 호텔, 항공사의 가장 큰 고민을 해결한다. 다름 아닌 수요와 공급의 관리다. 고정비 비중이 높아 수요를 최대한 끌어 올려야 하는 업종들의 공통적인 골 칫거리다. 예를 들어 호텔의 경우 특정 일자에 팔지 못한 객실은 가치가 사라지게 된다. 그렇다고 호텔이 직접 땡처리를 하면 브랜 드 이미지와 신뢰가 치명상을 입게 된다.

프라이스라인은 공급자가 브랜드 이미지에 손상을 입지 않으면 서 남는 재고를 처리할 수 있도록 도와준다. 고객이 지불할 용의 가 있는 금액을 제시하면 공급자들이 서로 경합해 최종 가격이 결정된다. 동일한 상품의 가격이 경쟁 상황이나 수요 현황에 따라 다르게 책정된다. 수요자 또한 저렴한 가격으로 숙박 혹은 항공 권을 구매할 수 있다. 이렇게 공급자와 수요자 모두에게 이윤을 극대화해주는 혁신적인 모델로 프라이스라인은 눈부신 성장을 했다.

우버Uber도 동적 가격을 사용하는 대표적 기업이다. 실시간으 로 최적의 가격을 결정하기 위해 가격 책정 알고리즘을 활용한 다. 이 알고리즘은 AI와 기계 학습을 바탕으로 경로의 시간과 거 리, 교통량, 승객과 운전자의 수요와 같은 다양한 변수에 따라 가 격을 다르게 책정해 이윤을 극대화한다. 예컨대 금요일과 토요일 밤, 퇴근시간, 출근시간, 큰 행사나 축제가 있는 날 같은 피크 시간 대에는 높은 요금을 책정한다.

수요가 증가하면 우버는 더 많은 운전자가 참여하게 해 많은 승객 요청을 처리하도록 지원한다. 우버는 요금 인상을 통지하면서 운전자에게도 고지한다. 계속해서 차량 서비스를 요청하기로 결정하면 요금이 변경되었음을 알리는 알림이 앱에 표시된다. 더 많은 운전자가 도로에 올라오고 승차 요청이 접수되면 수요를 관리하기 쉬워지고 요금은 정상으로 돌아간다. 이런 방식은 모든 승차 요청을 처리할 수 있는 드라이버가 충분히 있는지 확인하는데 도움이 된다. 한편 승객이 긴급하게 이동해야 하거나 붐비는 날 빠르고 쉽게 라이드를 얻는데 도움이 된다.

  스위스 온라인 티켓 판매업체인 티켓코너TicketCorner는 데이터 분석에 기반한 동적 가격을 스키 티켓 판매에 적용해 좋은 효과를 얻었다. 스키 산업은 적설량 등 기상상황에 따라 수요 변동이 매우 크다. 이런 수요 변동성은 사업의 지속성에 큰 영향을 미친다. 2017년부터 2년 동안 스위스의 적설량이 부족해 스키 리조트들이 불황을 겪게 되었다. 티켓코너는 적설량 등 다양한 변수들을 넣어 가격을 책정하는 솔루션을 도입했다. 좋은 날씨가 예상되어 수요가 상승할 것으로 전망되면 높은 가격을, 그렇지 못한 경우는 저가로 공급했다. 목표는 사전 판매를 늘리고 궁극적으로 전체 예매를 높여 수익을 극대화하는 것이었다. 동적 가격을 도입하기 이전 티켓코너의 시장점유율은 2% 수준이었다. 1년 만에 10%로 성장하고 이듬해에는 20%로 성장했다. 2년 만에 10배 성장이라는 놀라운 성과를 거둔 것이다.

이는 소비자와 공급자가 원원Win-Win할 수 있는 전략이다. 소비자 입장에서는 날씨에 대한 리스크를 본인이 감당할 수 있으면, 즉 눈 상태가 좋지 않을 가능성이 있더라도 저렴한 가격에 끌리면, 기존 대비 저렴한 가격으로 서비스를 사용할 수 있다. 스키 리조트 입장에서는 매출을 최대한 미리 확보하고 이로 인해 리조트 회전율을 높여 수익을 높일 수 있다. 게다가 사전 판매를 통한 안정적인 매출 흐름 전망으로 그 해에 필요한 투자나 직원 고용 등을 원활하게 수행할 수 있다.

삼성전자는 여러 국가에서 자사 제품 온라인 스토어를 운영하면서 동적 가격을 활용한다. 경쟁 유통업체들의 가격 변동에 맞춰 자동으로 가격을 조정한다. 예컨대 대표적인 온라인 유통업체를 몇 개 선정하여 평균가격, 최저가 5% 이내, 최저가 보장 등으로 매일 변하는 가격에 대응한다. 온라인 스토어를 단순히 제품을 알리는 쇼케이스가 아니라 실질적으로 매출을 창출하는 채널로 활용하는 것이다.

국내 프로야구도 동적 가격을 도입했다. 미국 메이저 리그의 경우, 샌프란시스코 자이언츠가 2010년 동적 가격을 도입한 이후 많은 구단이 활용하고 있다. 한국의 경우, NC다이노스가 2022년 최초로 동적 가격을 채택했다. 모회사인 엔씨소프트의 AI 기술로 지난 2년간 축적된 데이터를 분석한 뒤, 경기가 진행되는 요일과 날씨, 상대팀, 상대팀 선발투수, 전적, 승률 등을 고려해 홈경기의 티켓 가격을 조정하는 방식이다. 예를 들어 정상급 투수가 선발 등판하거나, 지역 라이벌인 롯데 자이언츠나 삼성 라이온즈와 하는 경기는 티켓 값을 올린다. 그 반대의 경우라면 내리는 식이다. 관중을 가장 많이 끌어들이면서도 이윤을 높일 수 있는 방법을 AI가 찾는다.

쿠폰도 동적 가격을 실행하는 효과적 수단이다. 일본의 스타트업 젠클러크ZenClerk는 온라인에서 방문자 행동을 0.05초 간격으로 수집하고 분석했다. 인공지능 알고리즘을 활용해 구입을 망설이는 소비자들에게 가장 적절한 시점에 할인쿠폰을 보내 구매를 유도했다. 이 서비스 도입 이후 주문 비율이 평균 1.4배 높아졌다. 미국의 슈퍼마켓 체인 크로거Kroger도 데이터 분석을 기반으로 온라인 소비자들에게 최적화된 e쿠폰e-coupon이나 모바일 앱 특가를 제공하는 방식으로 개인 맞춤형 가격을 제시했다. 그 결과 온라인 고객의 방문 횟수가 30% 이상 증가하는 성과를 거뒀다.

직원대상 온라인몰에서도 동적 가격을 적용하고 있다. 예컨대 삼성전자는 직원들을 대상으로 자사 제품을 할인가에 제공하는 복지몰에서 이 전략을 사용한다. 실시간으로 인터넷 가격을 모니터링해 인터넷 최저가보다 저렴하게 가격을 책정한다. 만약 직원

할인가가 인터넷 최저가보다 비싸다면 복지몰의 기본 취지가 무색해지기 때문이다.

기업이 동적 가격을 이용할 때 주의해야 할 점들이 있다. 첫째, 가격 조정 알고리즘을 맹신해서는 안 된다. 때로는 알고리즘이 현실과 동떨어진 금액을 제시하기도 한다. 2011년 아마존에서 판매하는 책 가격이 무려 2천4백만 달러로 책정된 적이 있다. 아마존의 동적 가격 알고리즘을 사용하는 두 서점 사이에 경쟁이 붙어 단 며칠 만에 가격이 천문학적으로 치솟았던 해프닝이다. 가격 의사결정을 무조건 알고리즘에 맡길 때 발생할 수 있는 리스크를 보여주는 사례다. 이런 경우 기업의 가격 체계 전반에 대한 고객의 신뢰가 추락할 수 있다.

우버도 유사한 사례가 있었다. 2017년 6월 3일 밤 10시경, 런던 브릿지 근처의 우버 운행료가 200% 넘게 뛰었다. 알고 보니 테러 공격 신고가 접수되면서 근처에서 주말 밤을 즐기던 수천 명의 사람들이 동시에 집으로 가려다 보니 우버 호출이 폭증한 것이다. 우버의 자동 가격 책정 알고리즘 때문이었다. 이런 경우 기업의 이윤만을 추구하는 수단으로 비판을 받을 수 있다.

둘째, 동적 가격이 출혈 전쟁을 유발하거나 브랜드 전략과 충돌할 위험을 고려해야 한다. 치열한 경쟁 상황에서 경쟁자들이 연쇄적으로 가격을 낮추면 덤핑으로 이어지고 모두 손해를 보는 사태가 올 수 있다. 원가 등을 고려한 최저 수준에 대한 지침이 있어야 할 것이다. 또한 가격 변동은 기업이 추구하는 브랜드 전략과 일치해야 한다. 브랜드 이미지나 품격을 중시하는 기업의 경우 가격을 지나치게 자주 변경하거나 너무 낮게 하는 것은 바람직하지 않다.

셋째, 고객이 해당 정책으로 인해 피해를 보거나 부정적 인식을 갖지 않도록 세심히 설계해야 한다. 동적 가격은 분명 기업의 수익을 높여 줄 수 있는 유용한 도구다. 그러나 고객은 가격이 변하는 이유나 상품 가치에 대해 의문을 품을 수 있다. "가격이 어떻게 변하니?" 이런 의문에 대해 기업은 명쾌하게 대답할 수 있어야 한다. "가격은 변하는 거야, 왜냐하면 …"이라고.

고객에게 가격 변동의 당위성을 이해시키고 가격이 고객이 누리는 가치를 반영한다는 점을 알려야 한다. 예컨대 원가나 공급이 빈번하게 변하거나 유행에 민감한 상품의 경우, 고객은 가격 변동을 이해할 것이다. 가격 변동이 합리적이고 공정하다고 인식하는 고객들이 많을수록 동적 가격이 성공할 가능성이 높아진다.

넷째, 책임 있는 조직에서 가격 책정의 기준선을 정해 모니터링해야 한다. 필요할 때는 자동 가격 책정을 재빨리 중단해 불필요한 갈등과 오해를 최소화해야 한다. 동적 가격이 기업에게 수익 증대를 가져올 뿐만 아니라 고객에게도 가치 증대를 주고 있는지 지속적으로 검토해야 한다.

시장 역동성의 핵심은 가격 결정이다. 그 중에서도 시장을 가장 역동적으로 만드는 가격이 동적 가격이다. 하지만 제대로 이해하고 적절하게 사용해야 한다. 기업 좋고 고객 좋은 전략이 되게.

04

비싸게 보여 사고,
싸게 보여 산다?

어느 보석 가게에서 팔리지 않는 터키옥이 있었다. 손님들의 관심을 끌어 보려고 진열대 중심부에 배치하는 등 온갖 노력을 기울여도 판매는 여전히 부진했다. 고심하던 사장은 출장 가기 전날 밤 간단하게 흘려 쓴 메모를 지배인에게 남겼다. "진열된 터키옥을 모두 반값에 처분하세요." 며칠 뒤 출장을 다녀온 사장은 깜짝 놀랐다. 반값(1/2)에 판매하라는 글씨를 지배인이 잘못 읽고는 2배(×2) 가격으로 책정한 것이었다.

화가 머리끝까지 난 사장이 지배인을 야단치려는 순간, 터키옥이 모두 팔렸다는 얘기를 듣게 된다. 사장은 어리둥절했다. 도대체 어떻게 이런 일이 발생했을까? 이것은 애리조나 주립대 치알디니 교수가 그의 저서 '설득의 심리학' 도입부에 소개한 사례다.

이 사례를 이해하기 위해서 구매와 관련된 소비자 심리를 살펴보도록 하자. 소비자들의 구매행동을 심리학적으로 분석하여 가격을 결정하는 방법을 심리적 가격결정$_{psychological\ pricing}$이라 한다.

단순히 상품의 경제적 가치보다는 가격이 갖는 심리적 효과를 고려해 가격을 결정한다. 가격표에 표시된 가격이 소비자에게 어떤 의미를 주느냐가 중요하다. 대표적인 유형을 몇 가지 살펴보자.

위신 가격

위신 가격$_{prestige\ pricing}$은 소비자들이 최고 품질의 상품이라고 인식하게 만들기 위해서 의도적으로 높은 가격을 매기는 것을 말한다. 상품이 사회적 지위나 신분을 나타내는 상징이 되는 경우, 상품 자체가 평가하기 어려운 경우, 해당 분야에 대한 전문지식이 부족한 경우, 또는 평가에 필요한 정보가 별로 없는 경우, 소비자는 가격을 품질을 추론하는 단서로 삼는 경향이 있다. 즉 값이 비싼 것이 품질이 좋다고 인식하는 것이다. '회사가 저 만큼 받는 데는 그만한 이유가 있을 거야.'라고 생각한다.

이런 경우 높은 가격은 고급 이미지를 부여하고 소비자가 인식하는 가치를 높여 줄 수 있다.

도입부에서 소개했던 터키옥 사례로 돌아가 보자. 여러분이 결혼 20주년 기념일을 맞아 배우자에게 보석을 선물하려고 보석 가게를 방문했다고 가정해 보자.

보석은 일반 소비자가 품질을 평가하기 어려운 대표적 상품이다. 평가에 필요한 정보도 별로 없다. 과연 어떤 보석이 좋은 것인가? 색이 화려한 것? 단단한 것? 크기가 큰 것? 판단하기 어렵다. 매장에서 유일하게 보이는 것은 보석 가격표에 나와 있는 가격일 것이다. 그러다 보니 보석 품질을 평가할 때 가격이 중요한, 아니 유일한 기준이 된다. '비싼 것이 좋은 것'이라는 고정관념이 작용하는 것이다. 이렇다 보니 지배인의 실수로 인해 가격이 2배나 오른 터키옥이 좋아 보이게 된 것이다. 그리고는 팔리지 않던 보석이 매진되는 예상치 못한 결과를 가져온 것이다.

명품 시계, 고급 자동차, 특급 호텔, 화장품, 의류 및 스포츠 용품 업체들이 위신 가격을 책정하는 경향이 많다. 위신 가격이 제대로 효과를 거두려면 제조업체나 소매점, 상품, 브랜드 등의 명성이 높아야 한다. 예를 들어 롤렉스, 벤틀리, 포시즌스, 나이키 등을 생각해 보라. 단순히 상품의 기능을 반영한 가격이 아니다. 상품이 주는 심리적 가치와 상징적 가치를 반영한 가격이다. 높은 가격에도 불구하고 소비자는 기꺼이 지갑을 연다. 아니, 높은 가격이기 때문에 지갑을 연다. 누구나 가질 수 있는 것이 아니라 소수를 위한 배타적인 상품이라 더 끌리는 것이다.

온·오프라인 유통의 대전환 시기에 유독 우리나라 백화점만 건재한 이유도 고객의 심리를 이용한 백화점의 전략에서 찾을 수 있다. 백화점 안에서 판매하는 상품은 본질적으로는 온라인이나 동네에서 찾을 수 있는 상품들과 큰 틀에서는 차이가 없다. 게다가 같은 등급의 소고기도 점포에 따라 가격 차등을 두어 판매한다. 그럼에도 불구하고 더 비싸게 파는 소고기의 판매율이 더 높기도 하다. 비쌀수록 좋은 것이라는 심리가 작동하기 때문이다.

위신 가격이 성공하기 위해서는 전략의 일관성이 중요하다. 높은 가격에 걸맞은 브랜드 이미지를 구축하고 일관된 마케팅 커뮤니케이션을 해야 한다. 브랜드 이미지를 해칠 수 있는 가격 할인은 가급적 피한다. 고객과의 신뢰를 구축하고 장기적으로 유지해야 한다. 공급을 적절하게 조절해 상품의 희소성이나 배타성을 유지한다. 궁극적으로 고급 상품이라면 이래야 할 것이라고 생각하는 고객의 기대를 충족하며 공감을 이끌어 내야 한다.

예컨대 애플의 경우 다양한 상품을 취급하지만 하나 같이 경쟁사보다 높은 가격이다. 독특한 상품 디자인으로 소비자의 감성에 호소한다. 소비자들이 일종의 성지처럼 방문하는 애플 스토어는 최고의 체험을 제공하며 상징적 가치를 창출한다.

단수 가격

단수 가격odd pricing은 상품의 가격을 책정할 때 8,000원이나 10,000원처럼 정확하게 떨어지는 단위를 사용하는 것이 아니라 7,900원이나 9,900원처럼 단위를 끊어 사용하는 것을 일컫는다. 예를 들어 8,000원과 7,900원을 비교해 보자. 차이는 불과 100원이다. 그러나 첫 자리가 8에서 7로 바뀐다. 하나는 8천원대, 하나는 7천원대이니 그 차이가 실제보다 훨씬 크게 느껴진다. 다른 예로 10,000원과 9,900원을 살펴보자. 10,000원은 5자리 수이지만, 9,900원은 4자리 수다. 가격이 한 자리 수 줄어드니 심리적으로 훨씬 더 싸게 느껴질 수 있다.

단수 가격은 미국에서 자주 사용하는 전략이다. 보통 가격의 끝자리에 '홀수odd number'를 쓴다. 영어 명칭으로 홀수 가격odd pricing을 사용하게 된 이유일 것이다. 예컨대 50달러보다는 49.99달러를 접할 기회가 많다.

관련 연구에 의하면 소비자들은 9자로 끝나는 가격을 접하면 그 상품이 다른 상품보다 싸다고 인식하고 구매할 의도가 높아지는 것으로 나타났다. 게다가 9자로 끝나는 가격을 보면 해당 상품이 할인 판매 중이라고 판단하고, 다른 상품들을 둘러봐야 이 가격보다 더 싼 것을 찾기는 어려울 것이라고 생각하는 경향이 나타났다.

　너도나도 9라는 숫자를 사용하다 보니 소비자들이 이제는 9라는 숫자에 익숙해졌다. 그러자 기업들은 더 작은 숫자인 8을 사용하기 시작했다. 9,900원이 아니라 9,800원. 물론 8이라는 숫자는 홀수가 아니다. 그러나 기본 원리는 같기 때문에 단수 가격으로 봐야 할 것이다. 이런 변화는 다시 7, 5 등으로 이어져 왔다.

　그런데 단수 가격이 너무 많이 사용되다 보니 이를 얄팍한 상술로 인식하며 짜증을 내는 소비자들이 생겨났다. 이들은 7,900원이나 8,000원이나 실질적으로 같은 것으로 보는 것이다. 그러자 이제 다시 정확하게 떨어지는 단위를 사용하는 기업들이 생겨났다. 다이소가 대표적인 사례다. 가성비를 강조하지만 0으로 끝나는 가격을 사용한다. 소비자의 불필요한 반감은 줄이며 신뢰를 얻으려는 시도이다.

관습 가격

　관습 가격customary pricing이란 특정 상품의 가격을 해당 기업이 독자적으로 책정하기보다는 사회적으로 통용되고 있는 관습적인 수준으로 책정하는 것을 일컫는다. 대부분 소비자들이 '이 상품 가격은 얼마'라고 인식하고 있는 경우다. 껌, 초콜릿, 스낵, 라면 등의 가격이 그러한 예이다. 모든 경쟁업체들이 껌 한통에 1,000원을 받고 파는데, 새로이 껌을 시판하기 시작하는 업체가 판매가격을 1,300원으로 정한다면, 유통업체들과 소비자들에게 심리적 저항을 유발할 가능성이 높다. 따라서 동일 업종 내 경쟁업체들과 같은 가격을 책정하는 것이 일반적이다.

원자재 가격 상승으로 인해 가격 인상이 필요한 상황에서도 기업은 가격을 쉽사리 올리지 못한다. 연구에 따르면 소비자는 일반적으로 상품의 양이 변하는 것보다 가격이 변하는 것에 더 민감하다고 한다. 특히 관습 가격이 통용되는 상품의 경우는 가격 변화에 훨씬 민감하다. 따라서 단위 제조원가를 유지하기 위해 상품의 크기나 용량을 축소시키는 조치를 취하곤 한다.

가격은 유지하면서 상품 크기나 용량을 줄여 사실상 값을 올리는 효과를 거두는 것을 슈링크플레이션shrinkflation이라고 부른다. '줄어들다'라는 의미의 '슈링크shrink'와 '전반적인 물가 상승'을 의미하는 '인플레이션inflation'의 합성어다. 미국 최대 초콜릿 제조업체인 허쉬Hershey도 원자재 원가가 올라 어려운 상황에 처하면 슈링크플레이션 전략을 구사했다. 초콜릿은 관습 가격이 뿌리 깊게 자리잡은 상품이다. 따라서 상품 가격을 인상하기보다는 상품 용량을 줄여 소비자들의 직접적인 저항을 낮추려고 한 것이다.

항상 소비자의 마음을 잘 읽어야 한다. 가장 객관적으로 보이는 가격과 관련해서도 마찬가지다. 만약 가격이 풀리지 않는 수수께끼처럼 느껴진다면 소비자에게 주는 의미를 생각해 보라. 그리고 때로는 비싸 보이게, 때로는 값싸 보이게, 때로는 남들과 똑같아 보이게 해야 한다.

05

가격,
고객이 받아들이기 나름

소비자의 구매행동을 심리적으로 분석하여 가격을 결정하는 방법을 심리적 가격결정psychological pricing이라 한다. 가격이 소비자에게 어떤 의미를 주느냐가 중요하다. 몇 가지 심리학 이론들에 근거해 가격 결정에 활용하는 방안을 생각해 보자.

차등적 문턱

차등적 문턱differential thresholds이란 두 자극 간의 차이를 구분할 수 있는 최소한의 차이를 말한다. JNDJust Noticeable Difference라고도 불린다. 차등적 문턱 이하로 변화가 발생하면 사람들은 그 차이를 못 느낀다.

차등적 문턱은 웨버의 법칙Weber's law으로 공식화된다.

$$k = \triangle I\ /\ I = JND$$

여기서 I는 원래 자극의 수준을 말하고, $\triangle$I는 알아차릴 수 있는 변화의 양을 말한다. 또한 k는 변화가 감지될 수 있는 변화율을 말한다.

웨버의 법칙에 따르면 차등적 문턱에 영향을 주는 것이 최초 자극의 수준이다. JND는 최초 자극의 수준에 따라 달라진다. 즉 두 자극 간의 차이를 인식하는 것은 상대적이다.

예를 들어 같은 5만원의 가격 인상이라도 10만원짜리 수영장 이용료가 오른 것과 100만원짜리 항공권이 오른 것은 차이가 있다. 즉 수영장 이용료는 엄청나게 많이 올랐다고 판단되지만 항공권의 경우는 그렇지 않을 것이다.

차등적 문턱은 가격을 변경하려는 기업이나 정부에게 시사점을 준다. 일반적으로 가격을 올리는 경우라면 가격 인상에 대한 고객의 심리적 반발을 줄이는 것이 중요하다. 따라서 되도록이면 조금씩 인상해 고객들이 가격 차이를 인식하지 못하도록 해야 한다. 즉 고객의 JND 수준을 파악하여 가격 인상폭을 그 이하로 하는 것이다. 한편 수요를 줄이려는 목적으로 가격 인상을 하는 경우라면 JND를 넘기는 것이 효과적일 것이다. 예컨대 혼잡통행료를 인상해 교통 체증을 실질적으로 줄이려는 경우다. 제한된 주차장에 수요를 줄이려고 주차요금을 인상하는 경우도 마찬가지다. 요금 인상을 피부로 느껴야 대중교통을 이용하기로 결심하는 사람이 늘어 날 것이다.

반대로 가격을 내릴 경우에는 가격 차이를 JND 이상으로 해야할 것이다. 고객이 인식할 수 있는 범위까지 가격을 내려야 가격할인을 통한 구매 유도가 가능하다. 가격 인하가 JND 보다 작은 수준이라면 고객이 가격 변화를 인식하지 못해 매출 증대를 얻지 못하기 때문이다.

타협 효과

타협 효과compromise effect는 여러 대안들이 있는 경우 사람들이 극단적인 대안들을 회피하고 이들의 타협 대안이라고 할 수 있는 중간 대안을 선택하는 경향을 말한다. 이 이론에 의하면 고객은 가장 싸거나 가장 비싼 것처럼 극단적인 가격을 배제하고 중간에 있는 가격을 선택할 확률이 높다.

　기업이 판매하고자 하는 상품의 가격을 적당한 선으로 설정하고 다른 상품에 대해 극단적으로 높거나 낮은 가격을 설정하면 고객이 이 상품을 구매할 가능성이 높아질 것으로 예상해 볼 수 있다. 예컨대 레스토랑에서 판매하는 특정 와인 가격이 20만원으로 가장 비싼 경우를 생각해 보자. 이 와인은 가장 비싼 것이라서 손님들이 선택하는 것을 꺼리게 된다. 이제 50만원짜리 와인을 메뉴에 추가한 상황을 생각해 보자. 이 경우 20만원은 더 이상 극단적 가격이 아니다. 따라서 20만원짜리 와인이 판매될 가능성이 훨씬 높아진다. 50만원짜리 와인 그 자체는 잘 안 팔리더라도 20만원짜리 와인을 보다 적절하다고 보게 만드는 것이다.

전망 이론

　전망 이론prospect theory은 기존 주류 경제학의 효용함수와는 다른 새로운 형태의 가치 함수를 제시한다. 사람들이 어떤 대상의 가치를 절대적인 크기를 가지고 평가하는 것이 아니라 변화나 차이를 가지고 주관적으로 평가한다는 것이다. 그 주관적 가치를 좌우하는 것은 준거점reference point이며, 이를 기준으로 이익gain인가 손실loss인가에 따라 평가한다는 것이다. 따라서 준거점이 달라지면 사람들이 인식하는 가치가 달라질 것이다.

가치 함수는 이익 영역에서는 오목 함수, 손실 영역에서는 볼록 함수의 S자 형태를 갖고 있다. 가치 함수는 비대칭적이다. 이익 영역에서보다 손실 영역에서 그 기울기가 더 가파르다. 이런 형태는 사람들의 심리 저변에 깔려 있는 손실 회피loss aversion 성향을 반영하는 것이다. 이익과 손실의 크기가 같더라도 이익에서 얻는 기쁨보다는 손실로 인한 고통이 더 크게 느껴진다. 예컨대 내기에서 만원을 땄을 때 느끼는 기쁨보다 만원을 잃었을 때 고통이 훨씬 더 크다는 것이다.

가치 함수의 다른 특징은 체감 민감도diminishing sensitivity이다. 체감 민감도는 준거점에서 멀어질수록 가치 함수의 기울기가 점점 완만해지는 것을 말한다. 즉 이익이나 손실의 액수가 커짐에 따라 변화에 따른 민감도가 감소한다. 예를 들어 가격이 5만원에서 6만원으로 인상된 경우와 20만원에서 21만원으로 인상된 경우를 비교해 보자. 두 경우 모두 만원이 인상된 것은 같지만, 가격 인상으로 인한 심리적 고통은 전자가 더 클 것이다.

살다 보면 이익이나 손실이 여러 차례 발생하는 상황을 접하게 된다. 이런 경우 사람들이 인식하는 가치를 높이기 위해서는 어떻게 해야 할까? 전망 이론의 가치 함수에 근거해 효용을 극대화하는 원칙이 몇 가지 존재한다. 그 중 가격 결정에 관련된 원칙을 살펴보자.

첫째, 이익은 분리해서 제시하는 것이 효과적이다. 이익이 여러 개일 때는 합쳐서 제시하는 것보다 나누어 제시해야 만족이 높아진다. 가격 할인은 고객 입장에서 이익이다. 그런데 가격 할인의 크기 못지않게 할인을 제시하는 방식이 중요하다.

예컨대 레스토랑에서 점심 메뉴를 할인하는 경우를 생각해 보자. 그냥 40% 할인이라고 표현하는 것통합된 이익보다는 30% 할인에 10% 계절 할인을 추가한다고 말하는 것분리된 이익이 더 효과적이다. 가격 할인이익을 나눠 제시하는 방식이 고객이 인식하는 가치를 높이기 때문이다.

둘째, 손실은 통합해 제시하는 것이 효과적이다. 손실이 여러 개일 때는 합쳐서 제시하는 것이 불만을 줄일 수 있다. 고객 입장에서 가격 지불은 손실이다. 예를 들어 테마파크에서 기구를 탈 때마다 이용권을 구입하도록 하지 않고 자유이용권을 구입해 마음껏 놀이기구를 탈 수 있도록 한다. 고객이 체감하는 손실을 최소화하는 전략이라 볼 수 있다.

신용카드 회사는 한 달분 사용 내용을 통합한 금액을 청구서로 발송한다. 고객으로서는 사용한 건마다 매번 지급하는 것보다 한 달치를 통합해 한 번에 지급하는 것이 덜 고통스러울 것이다.

이동전화 요금과 인터넷 요금을 한꺼번에 내도록 하면 이용자들이 느끼는 고통을 줄일 수 있다. 항공료와 공항세를 각각 내게 하는 것보다는 통합해 한꺼번에 내게 하는 것이 고객 불만을 줄일 것이다.

보험 설계사가 고객에게 보험료를 알리는 상황을 가정하자. 다음 두 가지 중 어느 것을 택해야 하겠는가?

1번 : 기본 보험료 ○○원, A 특약비 ○○원, B 특약비 ○○원

2번 : 총 보험료는 ○○원입니다. 이것은 A, B 특약비가 포함된 가격입니다.

만약 2번을 택했다면 소비자 심리를 이해하는데 한 발자국 나아간 것이다.

고객 심리를 이해하는 것은 가격과 관련해서도 중요하다. 고객의 마음을 열려면 가격은 어느 수준이어야 할까? 가격을 어떻게 제시해야 할까? 두 가지 모두 중요하다. 가격도 고객이 받아들이기 나름이다.

06

소유를 넘어 구독으로

미국 경제학자 제러미 러프킨은 2007년 저서 〈소유의 종말〉을 출간했다. 상품의 소유에서 접속으로 변화하고 시장의 주역이 판매자와 구매자에서 공급자와 사용자로 재편될 것이라고 전망했다. 그가 예측한대로 고객들이 상품을 소비하는 방식이 변화하고 있다. 상품을 소유하거나 공유하는 것을 넘어 구독하는 소비가 확산되고 있다. 그가 전망한 접속은 '구독경제'라는 모델로 실현되고 있다.

구독경제subscription economy란 사용자가 일정한 금액을 내면 원하는 제품이나 서비스를 공급자가 주기적으로 제공하는 경제활동을 의미한다. 구독경제라는 용어를 확산시킨 기업 주오라Zurora는 정기구독을 제공하는 기업들에게 맞춤형 결제, 매출 분석 프로그램을 제공한다. 주오라에 따르면 구독경제 산업은 일반 소매업보다 몇 배 빠르게 성장하고 있다. 글로벌 투자은행 UBS는 구독경제 산업이 가장 높은 성장률을 기록할 것이라고 전망했다.

주오라 창업자인 티엔 추오Tien Tzuo는 저서 〈구독과 좋아요의 경제학〉에서 구독경제가 성장한 원인으로 디지털 전달 방식과 이로 인해 지속적으로 생성되는 데이터를 지목한다. 조직의 사고방식이 제품 중심에서 고객 중심으로 바뀌는 변화가 구독경제의 중요한 특징이라고 말한다.

구독경제에서는 상품 경험을 보는 기업의 시각이 다음과 같이 바뀐다.

소유 → 접속

일반화 → 맞춤화

계획된 진부화 → 지속적 개선

완벽 → 즉각 대응

단절적 개선과 관계구축 → 연속적 개선과 관계구축

구독경제는 기업과 고객 모두에게 가치를 제공한다. 기업은 고객이 해지하기 전까지 정기적인 매출이 발생하기 때문에 안정적인 수입을 확보할 수 있다. 구독은 기본적으로 정기결제, 선불결제이기 때문이다. 또 고객과 장기적 관계를 맺으면서 얻게 되는 고객 반응과 데이터를 실시간 살필 수 있고, 이를 제품과 서비스에 반영할 수 있다.

고객은 주기적으로 상품을 받으니 매번 상품을 고르느라 쓰는 시간과 노력을 절약할 수 있다. 한 번에 큰 금액을 지불하는 것이 아니라 소액을 지불하며 효용을 누릴 수 있다. 게다가 상호작용에 기반한 맞춤화를 통해 자신의 취향에 맞는 상품을 이용할 수 있다.

구독경제는 정기 배송 모델, 무제한 이용 모델, 렌탈 모델, 클라우드 구독 모델 등 4가지로 구분할 수 있다.

정기 배송 모델

정기 배송 모델은 개별 고객을 위한 맞춤형 큐레이션 서비스로 전문가가 선별한 상품을 정기적으로 배송하는 방식이다. 꽃, 의류, 화장품, 생필품, 미술품 등 다양한 분야에서 활용하고 있다.

예를 들어, 여성속옷 전문 업체인 어도어미Adore Me는 매달 몇 개의 속옷이 담긴 박스를 배송한다. 고객은 1주일 내에 마음에 드는 제품만 선택하고 나머지는 무료로 반품할 수 있다.

패션업체 스티치 픽스Stich Fix는 스타일리스트와 추천 알고리즘을 통해 고객이 원하는 스타일의 옷을 배송한다. 고객이 스타일 프로필을 채우면 인공지능이 추천 목록을 작성하고, 스타일리스트가 이 중 다섯 벌을 선정해 배송한다. 옷을 고르는데 들어가는 시간을 줄여주고 고객에게 딱 맞는 스타일을 추천해주며 쇼핑 경험을 혁신한 것이다.

무제한 이용 모델

이 모델은 월정액으로 고객에게 무제한 서비스를 제공한다. 넷플릭스, 스포티파이Spotify 등이 대표적이다. 흔히 넷플릭스 모델이라고 부른다. 깜짝 퀴즈 하나. 사람들이 가장 좋아하는 4자 성어는? 정답은 '무한리필'이다. 이 모델을 무한리필 모델이라고 부를 수도 있겠다.

구독경제의 선두주자인 넷플릭스는 미디어 콘텐츠 시장을 OTT 중심으로 재편했다. 매월 일정액을 내면 영화, 드라마, 다큐멘터리 등 수많은 영상 콘텐츠를 무제한 시청할 수 있다. 자신이 원하는 시간에 TV, 스마트폰, PC, 태블릿 등 다양한 기기를 이용해 어디서나 시청할 수 있어 선풍적인 인기를 끌었다.

원격 건강검진 서비스를 제공하는 포어드Forward는 3D 스캔을 한 뒤 결과를 실시간으로 고객의 스마트폰으로 전송한다. 고객은 앱을 통해 검진 결과를 확인하고 추가 상담을 할 수 있고 상담 내역은 AI 시스템을 통해 기록된다.

일본 커피마피아Coffee Mafia라는 카페는 매월 일정액을 내면 무제한으로 커피를 제공한다. 이용자들의 호응이 높아 저녁 식사까지 제공하는 구독 상품도 등장했다. 한국도 커피 구독을 판매하는 카페가 많아졌고 원두커피를 정기 구독하는 가정도 많아졌다.

렌탈 모델

렌탈 모델은 고객이 구매하기 부담스러운 고가품을 일정 기간 빌려 주는 방식이다. 고객 입장에서는 합리적인 가격에 제품을 사용할 수 있고 다양한 제품을 경험해 볼 수 있다. 기업 입장에서는 사업 다각화를 통해 수익을 극대화할 수 있고 효과적인 고객 관계관리를 할 수 있다.

자동차 산업에서 구독경제가 확산되고 있다. 자동차를 소유하는 것이 아니라 이용하는 서비스를 구매하는 것이다. 가치의 중심이 소유권ownership에서 이용권usership으로 바뀐 셈이다. 현대자동차는 원하는 차를 수시로 바꿔서 골라 사용할 수 있는 '현대 셀렉션' 서비스를 제공한다. 고객은 자신의 필요에 따라 여러 가지 세단 및 SUV 중에서 원하는 차량을 선택해 이용할 수 있다.

옵션으로 제공하던 자동차 기능을 중심으로 한 구독 비즈니스가 활발하다. 테슬라는 자율주행 추가기능을 구독 상품으로 제공한다. 옵션을 일시에 구입하는 대신 구독 모델을 선택해 매월 일정액을 지불하며 이용할 수 있다. 해당 기능이 필요하지 않게 되면 언제든지 중단할 수 있다. 이전에는 차량에 새로운 기능을 추가하려면 차를 바꿔야 했다. 그러나 테슬라는 소프트웨어 중심으로 차량을 설계했기 때문에 이미 판매한 차도 자유롭게 기능을 추가하거나 제외할 수 있다.

현대자동차는 원격제어 기능인 커넥티드 서비스를 구독 상품으로 제공한다. 시동, 공조 등 기본 제어와 차량 상태 파악이 가능한 기능이다. 신차 구입 후 5년간은 무료로 제공되지만 이후부터는 이용료를 내야 한다.

렌탈 대상은 시대에 따라서 변해왔다. 1세대는 생활가전제품, 2세대는 헬스케어, 유아 및 아동 용품, 3세대는 예술품, 패션, 애완동물 용품으로 대표된다. 그림 정기구독 서비스인 핀즐Pinzle은 큐레이터가 매달 선정한 아티스트의 작품을 집에 걸어 감상할 수 있도록 대형 아트 포스터를 제공한다. 집안 분위기를 전환하는 효과가 있다. 최근 골프가 젊은 층에게 확산되며 골프웨어의 대여가 크게 성장한 바 있다. 값비싼 골프웨어를 구매하는 대신 대여해 라운딩마다 다른 패션을 즐기는 것이다. 심지어 옷을 두세 벌 가져와 라운딩 중간에 바꿔 입고 인스타그램에 올리는 경우도 제법 많다고 한다.

클라우드 구독 모델

이는 소프트웨어를 클라우드에 기반한 구독 서비스로 판매하는 방식이다. 소프트웨어는 업그레이드가 잦아서 라이선스를 구매하는 것보다 대여하는 것이 유리하기 때문에 서비스형 소프트웨어Software as a Service : SaaS가 등장했다. 매월 정기 요금 형태로 소프트웨어를 대여하고 업그레이드와 사후관리까지 총괄서비스를 제공하는 것이다.

마이크로소프트는 구독 비즈니스로 전환하며 새로운 전성기를 맞이했다. 기존에는 윈도우와 MS오피스 등 소프트웨어를 CD로 판매했다. 판매 가격이 높다보니 불법 복제가 많았다. 업데이트나 업그레이드도 쉽지 않았다. 이에 '클라우드 퍼스트'라는 비전을 내걸고 변신을 추진했다. 고객들이 소프트웨어를 구입해 설치하는 것이 아니라 매달 구독료를 지불하고 클라우드에 접속해 사용하는 방식이다. 회사는 이를 통해 안정적인 수익을 확보했고 고객의 소프트웨어 사용 현황을 실시간으로 분석해 제품을 지속적으로 개선할 수 있게 되었다.

어도비Adobe는 2013년 말부터 디지털 구독 모델로 전환하는 작업을 시작했다. 디지털 구독 모델로 전환하고 4년 내 주가가 370% 상승하는 기록을 보였다.

구독경제가 성공하기 위한 조건은 무엇일까? 기본적으로 고객이 비용을 지불하고 이용할 만한 가치가 있다고 여겨질 만큼 충분한 혜택이 있어야 한다. 결제 주기가 도래할 때마다 고객은 구독을 유지할지를 결정하기 때문이다.

티엔 추오는 구독경제란 '고객과 지속적인 관계를 맺는 것'이라고 말한다. 소유경제는 판매의 종결을 중시했다. 하지만 구독경제는 고객과 장기적 관계를 구축해 고객생애가치를 키워가는 것을 중시한다. 고객과의 관계를 지속하기 위해서는 끊임없이 새로운 가치를 제공하기 위해 노력해야 한다.

구매하던 고객, 구독하게 하라! 그리고 상품이나 판매가 아니라 관계에 집중하라.